城市轨道交通工程土建施工工序安全管理指南

王中华　主编

中国建筑工业出版社

图书在版编目（CIP）数据

城市轨道交通工程土建施工工序安全管理指南/王中华主编．—北京：中国建筑工业出版社，2021．1
ISBN 978-7-112-25864-2

Ⅰ．①城…　Ⅱ．①王…　Ⅲ．①城市铁路-铁路施工-安全管理-指南　Ⅳ．①U239．5-62

中国版本图书馆 CIP 数据核字（2021）第 024855 号

本书包括 8 章，分别是：城市轨道交通工程的发展概述、责任主体安全管理职责、明挖法施工工序安全管控要点、盾构法施工工序安全管控要点、矿山法施工工序安全管控要点、冷冻法施工工序安全管控要点、顶管法施工工序安全管控要点、应急管理。本书在总结国内外城市轨道交通建设经验，分析国内外隧道及地下工程建设领域安全管理理念和做法的基础上，从建设过程中各责任主体安全管理职责，结合轨道交通施工过程中主要的施工方法（如明挖法、盾构法、矿山法、冷冻法、顶管法），有针对性地提出安全管理要点。全书内容全面、翔实。

本书可供从事城市轨道交通工程施工、监理、建设等单位的安全管理人员使用，还可供大专院校师生使用。

责任编辑：胡明安
责任校对：张　颖

城市轨道交通工程土建施工工序安全管理指南
王中华　主编
*
中国建筑工业出版社出版、发行（北京海淀三里河路 9 号）
各地新华书店、建筑书店经销
霸州市顺浩图文科技发展有限公司制版
北京富诚彩色印刷有限公司印刷
*
开本：787 毫米×1092 毫米　1/16　印张：7　字数：170 千字
2021 年 2 月第一版　　2021 年 2 月第一次印刷
定价：**72.00** 元
ISBN 978-7-112-25864-2
（36618）

编 委 会

序

随着我国城市化进程的推进，城市轨道交通建设速度持续加快。截至 2019 年 6 月，我国内地共有四十多座城市的建设规划获得批复，规模超过 1 万 km，建设规模和速度的猛增，使得城市轨道交通建设安全管理面临着巨大的挑战。

城市轨道交通工程建设安全保证至关重要。南宁轨道交通集团有限公司在总结南宁地铁多条线路建设安全管理经验的基础上，充分借鉴国内外的先进成果，科学、系统地提出了明挖法、盾构法、矿山法、冷冻法、顶管法等工法的主要施工工序安全管理与控制要点，编制了《城市轨道交通工程土建施工工序安全管理指南》，为在工程建设中避免安全事故的发生提供了一本实战“宝典”。

本书反映了城市轨道交通安全控制的新成果，对从事城市轨道交通建设领域的工程技术人员具有重要的参考和应用价值，也会对相关领域的科研和教学人员有所启迪。在此向从事城市轨道交通行业的同志们推荐这本著作，也期望他们在自己的工作中取得更好的成绩。

施仲衡

前　　言

我国已进入轨道交通时代，截至 2020 年上半年，我国内地已有五十多个城市开工建设轨道交通工程。城市轨道交通的发展解决了城市交通问题、人口与土地资源问题，提升了城市价值。但是伴随而来的是城市轨道交通建设安全管控工作面临的巨大挑战。本书重点解决的问题就是在建设过程中如何控制施工风险。

本书共分 8 章，第 1 章主要对国内外轨道交通发展的情况进行了阐述，第 2 章～第 7 章主要对轨道交通工程中常见的工法按照不同的类别进行分类，并根据各类工法中的施工工序梳理出相关的风险控制要点。第 8 章主要针对事故应急预案提出了相关要求。

本书参编人员均为具有多年现场安全风险管控的专业人员，包括施工单位、监理单位、建设单位、安全风险咨询单位等各类参建人员。主要依据国家或地方相关规范、制度整理而成，并结合参编人员实际的管理经验，对重点风险管控进行了提炼，并且在编制过程中经过多次的讨论。本书既可以为各层级现场安全风险管理人员提供管控要点，也可为刚参加工作的学生群体提供管控思路，也可为在校学生教学提供参考。

本书在编制过程中得到了北京安捷工程咨询有限公司、中国中铁股份有限公司、中铁股份集团有限公司、中国建筑股份有限公司等公司的鼎力协助，在此致以诚挚的感谢！

目　　录

第1章 城市轨道交通工程的发展概述

1.1 国外城市轨道交通工程的发展概述

城市轨道交通是指在不同形式轨道上运行的大、中运量的城市公共交通工具，是当代城市中地铁、轻轨、单轨、自动导向、磁悬浮等轨道交通的总称。国外城市轨道交通的发展距今已有 140 多年的历史，早在 1863 年世界上第一条用蒸汽机车牵引的地下铁道线路在英国伦敦建成通车。列车在地下隧道内运行，隧道内烟雾熏人，但当时的伦敦市民甚至皇亲贵族仍争先乘坐，因为地铁列车的速度毕竟快于拥堵不堪的伦敦地面街道上的公共马车。地下铁道诞生之初就以速度快捷的优势赢得了市民的青睐。

世界上第一条地下铁道的诞生，为人口密集的大都市如何发展公共交通提供了宝贵的经验。特别是 1879 年电力驱动机车的研制成功，使地下客运环境和服务条件得到了空前改善，地铁作为公共交通显示出强大的生命力。

从此以后，地下铁道在世界上一些著名城市相继得到发展。

在 1863～1899 年期间，由英国的伦敦和格拉斯哥、美国的纽约和波士顿、匈牙利的布达佩斯、奥地利的维也纳以及法国的巴黎共 5 个国家的 7 个城市率先建成了地下铁道。

进入 20 世纪的最初 24 年间（1900～1924 年），在欧洲和美洲又有 9 座城市相继修建了地下铁道，如德国的柏林、汉堡，美国的费城以及西班牙的马德里等。

在 1925～1949 年，期间经历了第二次世界大战，各国都着眼于自身的安危，地铁建设处于低潮，但仍有日本的东京、大阪，苏联的莫斯科等少数城市在此期间修建了地铁。第二次世界大战以后，1950～1974 年的 24 年间，世界上地铁建设蓬勃发展，在此期间，由加拿大的多伦多、蒙特利尔，意大利的罗马、米兰，美国的费城、旧金山，苏联的列宁格勒、基辅，日本的名古屋、横滨，韩国的汉城以及我国的北京等约 30 座城市相继建成了地铁。

近年来，城市人口迅速增多，导致车辆增多，给城市带来交通拥挤、环境污染与能源危机等一系列问题。面对世界城市和城市人口不断增加的状况，世界上各大城市都存在“乘车难”和“行路难”的问题，因此发展城市公共交通、缓解交通拥挤是当前世界大城市迫切需要解决的问题。地铁与城市中其他交通形式相比，除了能避免城市地面拥挤和充分利用空间外，还有很多优点：一是运量大，地铁列车的运输能力要比地面公共交通高 7～10 倍，是任何城市交通工具所不能比拟的；二是速度快，地铁列车在地下隧道内风驰电掣的行驶，时速可超过 100km/h；三是无污染，地铁列车以电力作为动力，不存在空气污染问题，因此城市轨道交通受到各国政府的青睐。城市轨道交通现代化的发展，已成为城市交通现代化的重要标志之一。

1.2 国内城市轨道交通工程的发展概述

城市轨道交通是现代化城市交通的发展方向。发展轨道交通是解决大城市病和建设绿色城市、智能城市的有效途径。我国城市轨道交通发展经过起步、初始发展、高速发展等阶段，完成了由引进借鉴到自主创新再到技术装备输出的转变。党的十八大以来，在创新、协调、绿色、开放、共享五大发展理念的指导下，按照构建综合、绿色、安全、智能的立体化现代化城市交通系统的要求，推动城市轨道交通不断向高质量发展迈进。

我国城市轨道交通的发展可以划分为起步阶段、初始发展阶段、高速发展阶段 3 个阶段。

起始阶段（1965～1995 年）：中华人民共和国成立初期，中共北京市委 1953 年 9 月在《关于建设和扩建北京市规划草案》中第一次提出“为了提供城市居民以更便利、最经济的交通工具，特别是为了适应国防的需要，必须尽早筹划地下铁道的建设”。1955 年，北京聘请了苏联专家工作组到京指导城市总体规划的修订，在北京市委成立的专家工作室中专门设置了地下铁道组，负责北京地下铁道路网的编制、与其他交通方式衔接以及战时人口疏散等问题的研究。1956 年 10 月，北京市委正式成立地下铁道工程筹建处，标志着我国地下铁道建设正式起步。这期间北京地铁一期工程、二期工程、天津地铁 1 号线、上海地铁 1 号线建设并投入使用，通车里程共 107.6km。

初始发展阶段（1995～2003 年）：随着国内经济形式发生变化，以及在 1998 年亚洲金融危机的影响下，我国宏观调控政策作出积极调整，扩大内需，刺激经济增长。城市轨道交通建设因此迎来了新一轮的萌芽和发展高潮。这期间北京、广州、上海、大连、长春、天津、武汉、深圳、重庆、南京等 10 座城市陆续开展城市轨道交通建设，通车里程共 529.1km。

高速发展阶段（2003 年至今）：国内城市轨道交通规划、设计、建设逐步规范。城市轨道交通前期建设程序按照“线网规划—建设规划—可行性研究—总体设计—初步设计—施工图设计”进行。中华人民共和国成立 70 周年，我国内地共有五十多座城市获批复或者在建轨道交通（含市域城际轨道交通），四十多座城市获得批复，批复线路规模超过

1 万 km。其中，一些人口密集、经济条件较好的大城市，建设规划已经批复到了第三轮甚至第四轮。党的十九大以来，党中央、国务院对轨道交通提出更高要求，以新机场线和全自动运行为标志，我们城市轨道交通建设进入高速发展阶段。

当前，我国大中型城市普遍存在道路拥挤、车辆堵塞、交通秩序不畅的现象，并成为城市发展的“瓶颈”问题。随着我国城市规模和经济建设飞速的发展，城市化进程在逐步加快，城市人口在急剧增加，大量流动人口涌进城市，人员出行和物资交流频繁，交通需求急剧增长，城市交通供需矛盾日趋紧张。发展以轨道交通为骨干，以常规公交为主体的公共交通系统，为城市居民提供安全、快速、舒适的交通环境，引导城市居民使用公共交通系统是国外大城市解决城市交通问题的成功经验，也是我国大城市解决交通问题的唯一途径。

第2章 责任主体安全管理职责

2.1 建设单位

（1）建设单位必须建立健全安全质量责任制和管理制度，设置安全质量管理机构，配备与建设规模相适应的安全质量管理人员，对勘察、设计、施工、监理、监测等单位进行安全质量履约管理。

（2）建设单位对工程项目管理负总责。建设单位应当在初步设计阶段组织开展城市轨道交通工程安全质量风险评估（含建设工期、造价对工程安全质量影响性评估），并组织专家论证，同时按照有关规定组织专家进行抗震、抗风等专项论证。

（3）建设单位在报送初步设计文件审查时，应当提交经专家论证的安全质量风险评估报告。

（4）建设单位应当向设计、施工、监理、监测等单位提供气象水文和地形地貌资料，工程地质和水文地质资料，施工现场及毗邻区域内的建筑物和构筑物、地下管线、桥梁、隧道、道路、轨道交通设施等（以下简称工程周边环境）资料。

（5）工程周边环境严重影响工程实施或因工程施工可能造成其严重损害的，建设单位应当在确定线路规划方案时尽可能予以避让。无法避让或因条件所限不能进行拆除、迁移的，建设单位应当根据设计要求和工程实际，组织开展现状评估，并将现状评估报告提供给设计、施工、监理、监测等单位。

（6）建设单位应当按规定办理安全、质量监督手续。

（7）建设单位应当及时组织勘察单位向设计单位进行勘察文件交底，在施工前组织勘察、设计单位向施工、监理、监测等单位进行勘察、设计文件交底，在施工前组织地下管线产权单位或管理单位向施工单位进行现场交底，并形成文字记录，由各方签字并盖章。

（8）建设单位应当委托工程监测单位和质量检测单位进行第三方监测和质量检测。

（9）建设单位在编制工程概算时，应当包括安全质量风险评估费、工程监测费、工程周边环境调查费及现状评估费等保障工程安全质量所需的费用。

（10）建设单位在施工招标前，应当组织专家对施工工期和造价进行论证，论证时应充分考虑工程的复杂程度及其周边环境拆除、迁移等对施工工期和造价的影响。

（11）建设单位应当科学确定勘察、设计、施工等各阶段工期，不得任意压缩合同约定的工期。

（12）建设单位与施工单位应当在施工合同中明确安全措施费用，以及费用预付、支付计划，使用要求及调整方式等条款。并按合同约定及时将安全措施费用拨付给施工单位。

（13）建设单位应当在工程完工后组织不载客试运行调试，试运行调试三个月后，方可按有关规定进行工程竣工验收并办理工程竣工验收备案手续。

2.2 勘察、设计单位

（1）勘察、设计单位从事城市轨道交通工程勘察、设计业务，必须具有相应资质，不得转包或者违法分包所承揽的工程勘察、设计业务。

（2）勘察、设计单位对工程项目的安全质量承担勘察、设计责任。勘察、设计单位的主要负责人对本单位勘察、设计安全质量工作全面负责。项目负责人应当具有相应执业资格和城市轨道交通工程勘察、设计工作经验。项目负责人对所承担工程项目的勘察、设计安全质量负责。

（3）从事工程勘察、设计的执业人员应当对其签字的勘察、设计文件负责。

（4）勘察、设计单位必须建立健全安全质量责任制和管理制度，设置或明确安全质量管理机构，对工程勘察、设计的安全质量实施管理。

（5）勘察外业工作应当严格执行勘察方案、操作规程和安全生产有关规定，并采取措施保护勘察作业范围内的地下管线和地下构筑物等，保证外业安全质量。勘探孔应当按规定及时回填，避免对工程施工等造成影响。

（6）勘察单位进行勘察时，对尚不具备现场勘察条件的，应当书面通知建设单位，并在勘察文件中说明情况，提出合理建议。在具备现场勘察条件后，应当及时进行勘察。

（7）工程设计、施工条件发生变化的，建设单位应当及时委托勘察单位进行补充勘察。

（8）勘察单位提交的勘察文件应当真实、准确、可靠，符合国家规定的勘察深度要求，满足设计、施工的需要，并结合工程特点明确说明地质条件可能造成的工程风险，必要时针对特殊地质条件提出专项勘察建议。

（9）设计单位提交的设计文件应当符合国家规定的设计深度要求，并应根据工程周边环境的现状评估报告提出设计处理措施，必要时进行专项设计。设计文件中应当注明涉及工程安全质量的重点部位和环节，并提出保障工程安全质量的设计处理措施。

（10）施工图设计应当包括工程及其周边环境的监测要求和监测控制标准等内容。

（11）设计单位应当对安全质量风险评估确定的高风险工程的设计方案、工程周边环境的监测控制标准等组织专家论证。

（12）工程设计条件发生变化的，设计单位应当及时变更施工图设计。施工图设计发生重大变更的，应当按有关规定重新报审。

（13）勘察、设计单位应当将勘察、设计文件和原始资料归档保存。

（14）勘察、设计单位应当委派专业技术人员配合施工单位及时解决与勘察、设计工作有关的问题。

2.3 监理单位

1. 安全监理体系

（1）监理单位必须建立健全安全生产责任制和管理制度，设立施工现场项目监理机构。项目监理单位应当具有相应专业的监理执业资格和工作经验，项目监理人员专业、数量应当满足监理工作的需要。

（2）监理单位必须具备从事城市轨道交通工程监理业务的相应资质。

（3）工程监理单位和监理工程师应当按照法律法规和工程建设强制标准实施监理，并对建设工程安全生产承担监理责任。

2. 审查核验制度

（1）明确工程项目危险性较大的专项工程，对超过一定规模的危险性较大工程编制专项安全生产监理实施细则。

（2）监理单位应当审查施工组织设计、专项施工方案中的安全技术措施及施工监测方案是否符合工程建设强制性标准和设计文件要求。

（3）审查工程项目施工安全重大危险源目录、内容与工程实际情况是否相符，施工安全重大危险源防护保证措施是否符合工程强制性标准要求。

（4）建筑材料、建筑构配件和设备未经注册监理工程师签字，不得在工程中使用或安装，施工单位不得进入下一道工序施工。

3. 检查制度

（1）检查施工单位是否按照审查批准的施工组织设计、施工方案和危险性较大的专项工程方案中的安全技术措施组织施工。

（2）检查施工监测点的布置和保护情况，比对、分析施工监测和第三方监测数据及巡视信息。发现异常时，及时向建设、施工单位反馈，并督促施工单位采取对应措施。

（3）建立工程项目安全生产隐患台账，对安全生产中的违法、违规行为和安全生产隐患，及时要求有关单位整改，并检查整改结果，签署整改、验收意见。

（4）监理单位组织有关单位按照施工技术标准规范和有关规定进行隐蔽工程和分部分项工程验收，并对工程重要部位和环节进行施工前条件验收。

4. 督促整改制度和安全隐患报告制度

对安全生产违法违规行为和安全生产隐患应及时制止，并书面通知有关单位限期整改，情况严重的，由监理单位签发暂停令，并书面报告建设单位。有关单位拒不在限期内整改或拒不暂停施工的，工程项目监理机构应当及时书面报告相关建设行政主管部门或安全生产监督机构，必要时，应当及时书面报告上一级建设行政主管部门。

2.4 监测单位

（1）监测单位应当具有相应的工程勘察资质，并向工程所在地建设主管部门办理备案手续，监测单位不得转包监测业务。

（2）监测单位必须建立健全安全生产责任制和管理制度，设立现场项目监测机构。项目监测负责人应当具有相应职业资格和城市轨道交通工程监测工作经验，项目监测人员专业、数量应当满足监测工作需要。

（3）在施工前，监测单位应当根据勘察设计文件、安全风险评估报告及有关资料编制监测方案，经专家论证并经监理单位主要负责人签字后实施。

（4）监测单位负责工程项目监测点布设和初始值采集等内容的验收，为评估工程实施风险状况提供依据。

（5）监测单位出具的监测报告应当经监测单位法定代表人或其授权签字人签署，并加盖公章后方可生效。监测单位应当对监测报告的真实性和准确性负责。

（6）监测单位应依照设计制定的各监测项目控制值，相应监测预警等级及预警标准，发布监测预警，并参加监测预警分析会。

（7）监测单位应进行隐患排查，频率与通过专家评审论证的监测方案中日常监测现场巡查频率相同，监测单位应参与安全生产隐患排查工作。

（8）监测单位应编制紧急情况下监测工作应急预案，在出现紧急情况时，立即启动监测工作应急预案，及时向各参建单位相关人员反馈。协助施工单位做好现场抢险应急处理工作。

2.5 施工单位

1. 工程项目的安全管理体系

（1）管理制度及人员配置

施工单位应当建立健全安全生产责任制度和管理制度，加强对施工现场项目管理机构的管理。项目安全管理人员专业、数量应当符合相关规定（《建筑施工企业安全生产管理机构设置及专职安全生产管理人员配备办法》等），并满足项目管理需要。

（2）安全措施费管理

施工单位要保证单位安全生产条件所需资金的投入，安全措施费必须保证专款专用。

（3）分包单位管理

总承包单位和专业分包单位对专业分包工程的安全生产承担连带责任。总承包单位将部分专业工程依法分包后，分包单位不得另行再分包。实施劳务分包的，劳务分包单位应在施工现场设立安全生产管理机构，加强对劳务人员的管理。

2. 安全技术控制措施

（1）施工安全管理

施工单位编制施工风险管理专项实施细则，建立风险预报、预警、预案体系，对工程施工风险实施动态跟踪与监控。

施工单位应对采用的施工工法进行优化；对分部分项工程中的重要部位、关键工序进行安全风险评估，正式施工前报监理单位进行安全条件验收。

施工单位应当对工程周边环境进行核查。工程周边环境现状与建设单位提供的资料不一致的，应协同建设单位组织有关单位及时补充完善。

施工单位应当指定专人保护施工现场地下管线及地下构筑物等，在施工前将地下管线、地下构筑物等基本情况、相应保护及应急措施等向施工班组和作业人员作详细说明，并在现场设置明显标识。

（2）施工监测

施工单位应当对工程支护结构、围岩以及工程周边环境等进行施工监测、安全巡查和综合分析，及时向设计、监理单位反馈监测数据和巡视信息。发现异常时，及时通知建设、设计、监理等单位，并采取应对措施。

（3）安全专项施工方案

施工单位应当按照有关规定对危险性较大的分部分项工程（含可能对工程周边环境造成严重损害的分部分项工程）编制专项施工方案。对超过一定规模的危险性较大的分部分项工程专项施工方案应当组织专家论证。

工程施工前，施工单位项目技术人员应当向施工班组、作业人员进行安全技术交底，并由双方签字确认。

（4）重大危险源控制管理

施工单位应按照建设工程重大危险源安全管理的相关规定加强对施工现场重大危险源的安全管理。对超过一定规模的危险性较大的分部分项工程应按照住房城乡建设部《危险性较大的分部分项工程安全管理规定》（住建部 37 号令）和住房城乡建设部办公厅《关于实施〈危险性较大的分部分项工程安全管理规定〉有关问题的通知》（建办质〔2018〕31 号）的规定组织专家论证。

（5）大型机械设备的安全管理

施工起重机械设备的安全管理必须严格按照《建筑起重机械安全监督管理规定》（建设部令第166号）实施。大型设备和建筑工程起重机械履行进场验收手续，进场验收合格后方可投入施工。大型设备及建筑施工起重机械的安拆施工机操作等特种人员，必须具有由建设行政主管部门颁发的特种作业证书。

第3章 明挖法施工工序安全管控要点

3.1 围护结构

基坑围护结构主要承受基坑开挖卸荷所产生的水压力和土压力，并将此压力传递到支撑，是稳定基坑的一种施工临时挡墙结构。基坑围护结构类型可归纳为板桩式基坑围护、柱列式基坑围护、地下连续墙基坑围护、自立式水泥挡土墙基坑围护、组合式基坑围护、沉井（箱）基坑围护等6种，本节主要介绍日前城市轨道交通多数采用的柱列式钻孔灌注桩及地下连续墙结构类型。

1. 钻孔灌注桩施工

旋挖钻机施工具有高效、低噪、环保、机动灵活、机械化程度高、适用地层广、成孔质量好等优点，因此也是地下围护结构工程最常采用的施工机械之一，其施工顺序及控制要点如下：

（1）资料准备：开工前应具备场地工程地质资料和必要的水文地质资料，桩基工程施工图及图纸会审。

（2）周边环境及管线调查保护：钻孔灌注桩施工前，必须对场地和邻近区域内的地下管线（管道、电缆）、地下构筑物、危险建筑等进行调查，掌握相关调查资料，对钻孔影响范围内的管线进行迁改或进行必要的保护措施。

（3）钻机就位：钻机进场必须向监理单位进行机械进场报验工作，验收合格后方可施工；施工过程中钻机站位地层应平稳、坚实，操作上坚持“慢钻进、勤提钻、少进尺”原则，防止发生倾覆事故。

（4）钻孔灌注桩防侵限控制：施工前必须保证桩位准确，测量放线定位需要多方校核；桩位一般外放5～10cm，视地质情况及施工能力可适当调整。

（5）中途停钻处理：因故停钻时，应将钻具提离孔底 1～2m，以防埋钻；如长时间停钻，须将钻具提出孔外。

（6）围护桩孔口防护：桩基成孔后及灌注后，孔口必须采取防护措施，设置明显警示标识，防止人员坠落，如图 3-1 所示。

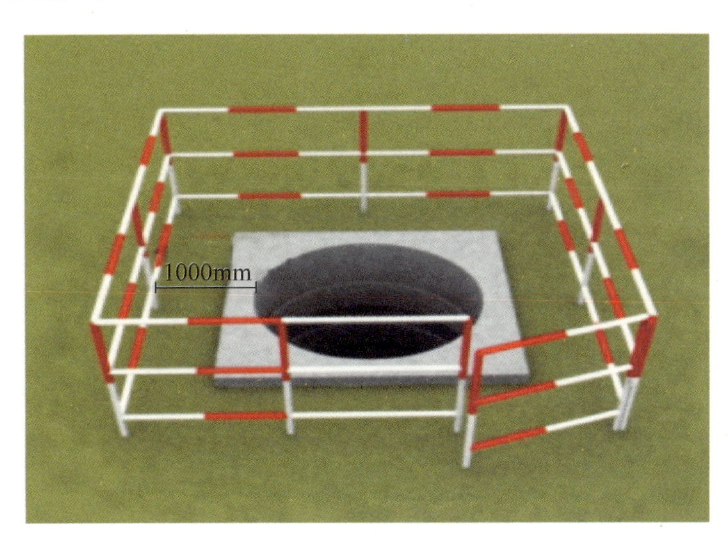

图 3-1　孔口防护效果图

（7）钢筋笼吊装及安装：编制安全专项施工方案，单个钢筋笼质量≥10t，必须进行专家评审，过程中严格按照“挂牌准入制”实施；当钢筋笼较细长时，可采取分段分节下笼的方式进行安装，安装及吊装过程严格按照施工方案操作。

（8）导管安装：导管使用前要进行闭水试验，确保无漏水、漏气、变形现象。

（9）混凝土浇筑：导管安装时，其底端应高出孔底沉淀土面 30～40cm，初灌混凝土导管埋深应在 1.2～1.5m。开始灌注时，先配制 0.2～0.3m^3 流动性好的水泥砂浆，并保证第一批混凝土达到要求的埋管高度，以便实现导管底部的隔水。正常灌注时，导管埋入混凝土内深度一般为 2.5～3.5m，最小深度为 1.5～2.0m，最深不超过 4m。导管提升时不得过快、过猛，以防拖带表层混凝土造成泥渣浮浆侵入，或挂动钢筋笼等。

（10）常见不良成因：成孔过程中常出现坍孔、孔身偏斜、扩孔缩孔、埋钻卡钻等现象，但无论任何情况下，严禁人员进入没有护筒或其他防护措施的钻孔中处理故障；当必须安装护筒或其他防护设施钻孔时，应检查孔内无有害气体，并备齐防毒、防溺、防坍埋等安全设施后方可行动。

2. 地下连续墙施工

地下连续墙施工顺序及控制要点。

（1）资料准备：开工前应具备场地工程地质资料和必要的水文地质资料，桩基工程施工图及图纸会审纪要。

（2）周边环境及管线调查保护：必须对场地和邻近区域内的地下管线（管道、电缆）、地下构筑物、危险建筑等进行调查，掌握相关调查资料，对影响范围内的管线进行迁改或进行必要的保护措施。

（3）导向墙施工：导墙是控制地下连续墙各项指标的基准，它起着支护槽口土体、承受地面荷载和稳定泥浆液面的作用。为保证不侵限，导墙中心线一般外放5～10cm，视施工能力可适当调整。

（4）成槽施工：成槽前，应检查泥浆储备量，施工机械，场内道路，水、电供应，泥浆循环等是否满足施工需求。成槽过程中，根据地层变化及时调整泥浆指标，随时注意成槽速度、排土量、泥浆补充量之间的对比，判断槽内有无坍塌、漏浆现象。成槽时，成槽机垂直于导墙并距导墙至少3m以外停放，成槽机起重臂倾斜度控制在65°～75°之间，挖槽过程中起重臂只能进行回转动作，严禁进行俯仰操作。成槽机停止施工时，抓斗严禁停留在槽内。

（5）钢筋笼吊装：编制安全专项施工方案，单个钢筋笼质量≥10t，必须进行专家评审，过程中严格按照“挂牌准入制”实施。钢筋笼按一个单元槽段，整体一次吊装，一般采用抬吊法吊装。吊挂初始状态，将钢筋笼平吊起身离地面30～50cm，将钢筋笼悬空5min，以检验钢筋连接质量。起吊过程中防止钢筋笼在下端拖引，笼下端系上绳子，人力操作减少摆动，如图3-2所示。

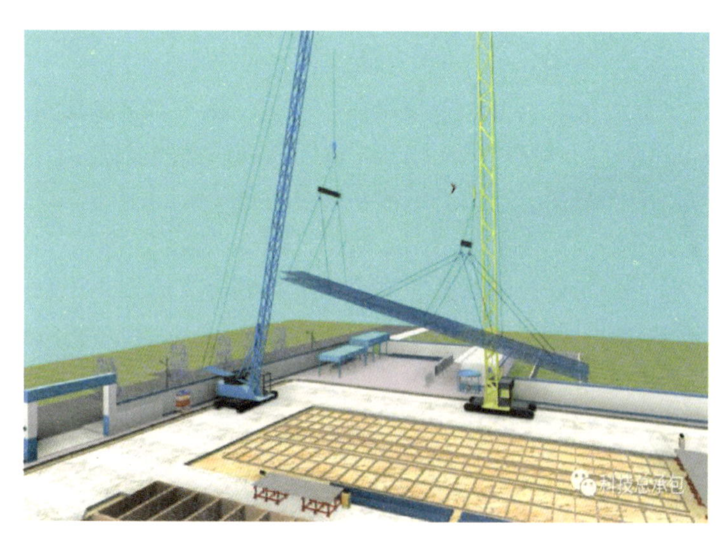

图3-2　钢筋笼吊装

（6）导管安装：导管使用前要进行闭水试验，确保无漏水、漏气、变形现象。

（7）接头处的抗渗处理：成槽后必须对刚性接头（H型钢）、槽壁及时刷槽，清理泥皮；采取防绕流措施，在钢筋笼上安装止浆薄钢板及止浆角钢，并在超挖段填筑沙袋。

（8）混凝土浇筑：导管安装时，其底端应高出孔底沉淀土面30～40cm，初灌混凝土导管埋深应在1.2～1.5m。开始灌注时，先配制0.2～0.3m^3流动性好的水泥砂浆，并保证第一批混凝土达到要求的埋管高度，以便实现导管底部的隔水。正常灌注时，导管埋入混凝土内深度一般为2.5～3.5m，最小深度为1.5～2.0m，最深不超过4m。导管提升时不得过快、过猛，以防拖带表层混凝土造成泥渣浮浆侵入，或挂动钢筋笼等。

3.2 基坑降水

（1）资料准备：主要包括地质各层岩土的物理力学性质、地下水类型及埋藏情况、水文地质情况、水质分析结果，特别是土层的渗透性；基坑四周已有建筑物的高度、分布、结构和离拟建工程的距离；基坑四周的地下设施（包括给水排水管道、光纤电缆、供气管道等）；有关设计施工资料包括基坑开挖尺寸和分布等。

（2）明确降水方法：根据已掌握相关资料，明确降水方法，确保降水井的位置、深度、管径、数量、水泵功率满足降水设计要求，如图 3-3 所示。

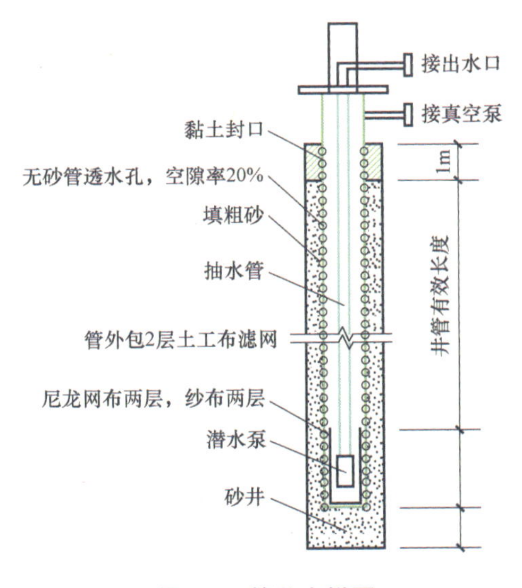

图 3-3　管井大样图

（3）保证滤管滤水能力：滤管段长度、管径、开孔满足设计要求，滤管外包滤网应包裹严实；下管过程中，应保证滤管居中垂直，深度达到设计，并保证管口高出地面不少于 20cm。

（4）保证滤料渗透作用：填料必须采用动水填砾法，从井四周均匀缓慢填入，避免造成孔内架桥现象，洗井后若发现滤料下沉，应及时补充滤料，填料高度必须严格按设计要求，含水层段滤料应具有一定的磨圆度，滤料含泥量≤3%，粒径 4～7mm，多选用中粗沙或圆砾石。

（5）保证洗井效果：下管、填料完成后，应立即进行洗井，洗井必须洗到水清、沙净为止；洗井后如滤料下沉过大，应及时补填。

（6）防倒灌设置：一是在滤料的回填面上采用优质黏性土围填至地表，防止地面水流入管井中；二是在水泵出水管外接单向阀，防止水管内水的倒灌。

（7）抽水试验：成井后，进行抽水试验，保证抽水含砂量在设计范围之内，并定期进行含沙量检测。

（8）应急处理措施：为确保整个降水过程安全有效，需提前做好防止沉降的回灌措施，防止设备故障及断电的备用措施，安排专人值守，加强水位监测。

3.3 基坑开挖

1. 开挖前条件验收

（1）方案准备：基坑工程设计、施工方案通过专家评审，并有书面回复意见；降水专项方案、周边环境监测方案上报且完成审批。

（2）人、机、料准备：人员、机械、支护材料已准备到位，并通过审查、验收；完成对管理人员及作业人员的安全教育及安全技术交底工作。

（3）周边环境排查：摸清基坑周边构筑物、管线情况，采取切实可行的保护措施；根据设计要求，参照监测方案对周边建筑物、管线及基坑布置监测控制点，且已完成初始值测取。

（4）围护结构及降排水验收：基坑围护结构已按设计完成，围护结构及冠梁、支撑满足设计要求，施工现场降水满足设计要求，坑外排水系统已建立。

（5）危险源辨识及应急措施：对本工程潜在的危险进行辨识、分析及公示，编写有针对性的应急预案，并落实抢险人员、设备、材料。

深基坑开挖前条件验收要点详见表 3-1。

深基坑开挖前条件验收要点　　表 3-1

序号	验收条件	内容	验收要点
1	主控条件	设计、勘察交底	施工现场已完成设计、勘察交底
2		围护方案评审	基坑围护施工方案通过专家评审，评审意见已予落实或整改
3		专项方案审批	基坑开挖、围护结构缺陷处理方案已审批，已向管理层和作业层进行了交底，监理细则已通过审批和交底
4		围护、冠梁	围护、冠梁（立柱桩）已完成，满足设计强度要求
5		地基处理	地基处理已完成，已有检测报告并达到设计要求
6		降水	降水方案已按设计要求完成并通过专家评审，现场运行，满足开挖要求
7		排水	施工现场坑外排水措施已落实
8		周边管线	调查基坑周围的保护构筑物、管线等现有状况，并且根据实际情况制订好切实可行的保护措施
9		监测	周围环境及基坑监测控制按批准监测方案已布点，且已测取初始值
10		围护结构遗留问题	围护结构施工阶段遗留问题（如围护结构漏水、漏沙）已按要求解决或已制定相应的方案
11		潜在风险分析	对本工程潜在的风险进行辨识和分析，有针对性、可操作性的应急预案编制完成并落实抢险设备、物资、人员

续表

序号	验收条件	内容	验收要点
12	一般条件	准备工作	人员、设备、支撑都已到位，均已完成进场报验
13		分包单位	分包队伍资质、安全生产许可证等资料齐全，安全生产协议已签署，人员资格满足要求
14		质量保证资料	相应质量保证资料齐全
15		其他	设计及规范规定的其他要求

2. 基坑开挖

根据《建筑地基基础工程施工质量验收标准》GB 50202—2018 规定：土石方开挖的顺序、方法必须与设计工况和施工方案相一致，并应遵循“开槽支撑，先撑后挖，分层开挖，严禁超挖”的原则，如图 3-4 所示。工程实践发现，基坑变形与施工时间有很大的关系。因此，施工过程应尽量缩短工期，特别是在支撑体系未形成情况下的基坑暴露时间应予以减少，要重视基坑变形的时空效应，确保基坑和周边环境安全。开挖过程中严格执行“六专”及“挂牌准入制”制度要求。

图 3-4　基坑开挖示意图

（1）基坑开挖前，至少保证不少于 20 天的坑内预降水且地下水位已降至基底标高 0.5m 以下。

（2）土方开挖严格遵循“时空效应”理论，按照“整体分片、纵向分段、竖向分层、随挖随支、限时平衡”的原则进行开挖，开挖过程中宜预留作业平台，保证挂网喷锚及架设支撑操作简便，如图 3-5、图 3-6 所示。

（3）纵向分段：基坑纵向开挖分段，一般按照支撑平面布置及内部结构段划分，纵向开挖采用临时放坡开挖，安全坡度应根据地质、环境条件，由施工单位根据具体情况计算确定，放坡系数一般不大于 0.75。纵向边坡在合适高度设置台阶，每一开挖层边坡坡脚

第一层土开挖至冠梁底

第二层土开挖至第二道钢支撑以下50cm
（南端盾构区开挖至第二道混凝土支撑底）

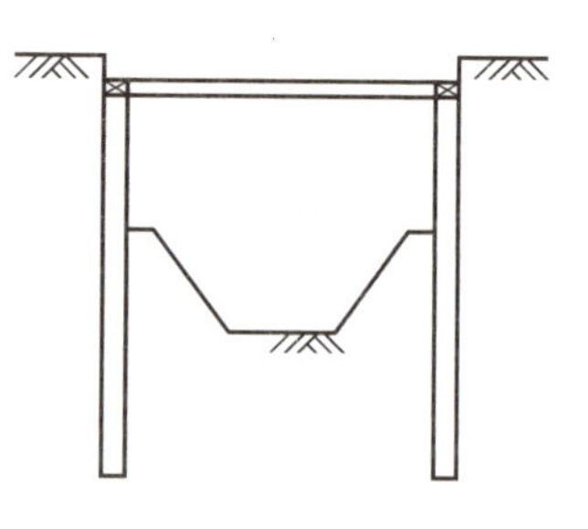

第三层土中间拉槽开挖
标高为第三道钢支撑以下50cm

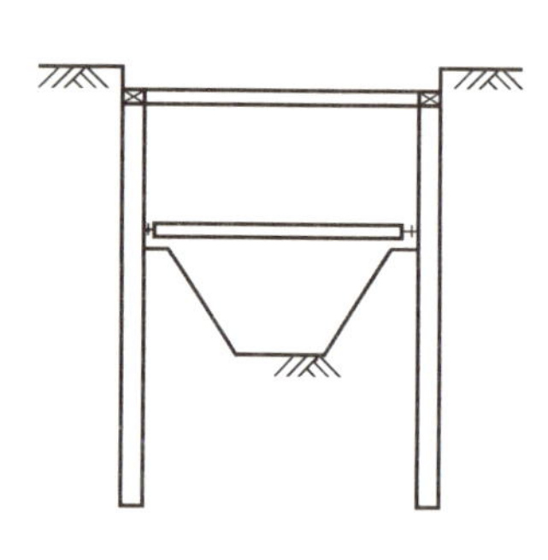

安装第二道钢支撑

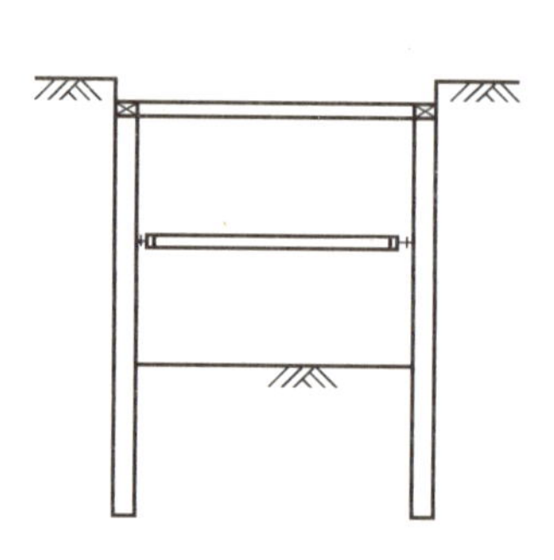

开挖第三层基坑两侧护壁土

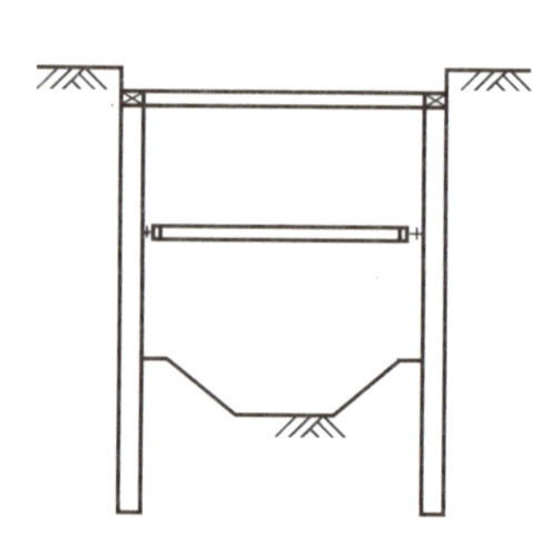

第四层土中间拉槽开挖至基坑底

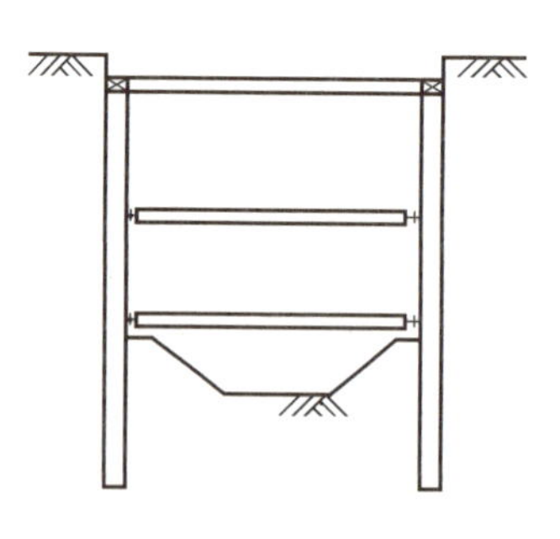

第三道支撑安装

开挖第四层基坑两侧护壁土

图 3-5　土方分层开挖施工顺序示意图

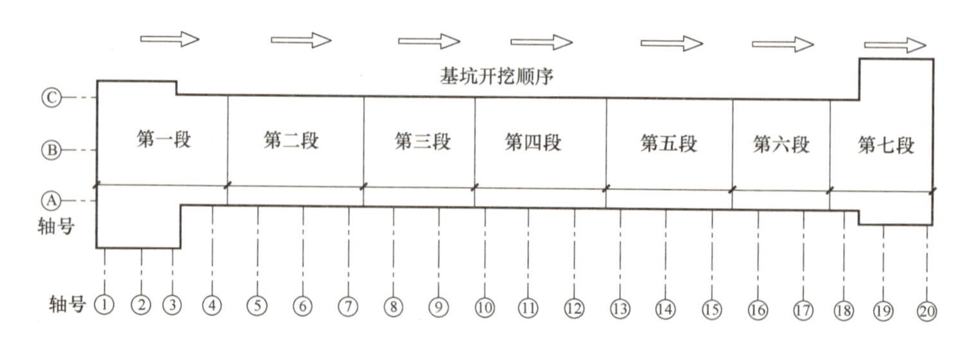

图 3-6　土方开挖分段施工示意图

设置一横向截水沟及集水坑。开挖宜遵循阶梯状开挖施工顺序，“从上到下、分层、分块，留土护坡，阶梯流水开挖”。

（4）竖向分层：土方开挖竖直分层开挖最大厚度/深度不得大于 3m，一般开挖至支撑标高以下 50cm，超过该厚度的开挖层则需分为二层或多层开挖。严禁在一个工况条件下一次开挖到底。

（5）对称、平衡、限时：基坑土方开挖由中部向两侧对称抽槽开挖，两侧的开挖高度基本保持一致，以中部向两侧每台阶放坡，保证两侧围护结构均匀受力。

（6）当采用机械挖土时，挖掘机的工作范围内，不得有人进行其他工作，多台机械开挖时，每台机械间距应大于 10m。坑底应保留 20～30cm 厚的土层使用人工挖除整平。

（7）个别部位超挖时，处理方法应取得设计单位同意，不得擅自处理。一般采用与原土层类似土或用素混凝土进行回填夯实，密实度至少达到原土层。

（8）土方开挖时，基坑边 1.5m 内设置严禁堆载警戒线，如图 3-7 所示，保证弃土堆放应尽量远离基坑，场内弃土堆放高度不宜大于 1.2m，长时间弃土应采取抑制扬尘措施。

图 3-7　基坑边严禁堆载警示线

（9）基坑开挖至坑底标高时，及时组织进行验槽检验；合格后，及时浇筑垫层封底，避免人为活动和自然因素造成基底扰动。

（10）施工过程中，特别是接近管线的范围和管线埋深的可能深度内，一般为 1m 范围，应改用人工小心探挖，确保施工期间所有管线安全和正常使用。

（11）开挖坡面保护：开挖坡面必须按照设计与规范要求放坡，开挖完成后及时清理松散渣土及石块，对于暴露时间较长或可能受暴雨冲刷的纵坡应采用彩条防水布覆盖等坡面保护措施。

（12）逃生通道设置：基坑开挖过程中，应设两处以上应急逃生通道，通道应根据开挖深度变化及时调整，如图 3-8、图 3-9 所示。

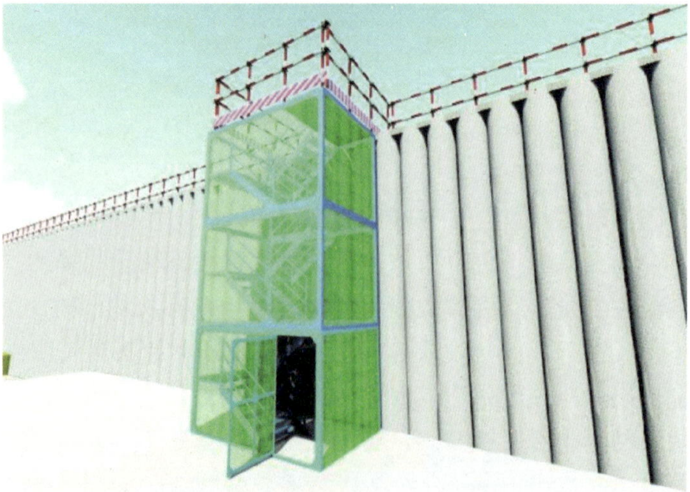

图 3-8 基坑梯笼式安全逃生通道

图 3-9 基坑应急逃生通道

（13）基坑临边防护：基坑开挖深度 2m 以上，必须设置安全可靠的临边防护，悬挂安全警示标识。

（14）施工监测：基坑开挖过程中，每日对地表沉降、桩顶竖向位移、桩顶水平位移、地下水位、支撑轴力等进行监测，同时对周边建筑物、周边管线、周边道路等进行巡查，确保基坑开挖安全。

（15）基坑突发涌水涌沙处置措施：

1）立即停止开挖基坑；

2）坑内涌水涌沙区域迅速回填沙袋或土方反压；

3）采用快凝压力注浆或灌注快凝混凝土封堵涌口；

4）加强降水井降水能力，降低基坑周围地下水位；

5）制止住基坑涌水涌沙后，对基坑周围地层加强注浆，固化基坑外围地层。

3. 基坑明排

（1）排水沟和集水井的位置满足要求：排水沟和集水井应设在基础范围以外，地下水流向的上游；排水沟边缘离开基坑坡脚应不少于0.3m，排水沟底宽不宜少于0.3m，纵向坡度宜为0.1%～0.2%，沟底面应比基坑底或开挖面低0.3～0.5m。集水井在基坑四角设置外，还应沿基坑边每隔30～40m设一个，集水井底应比相连的排水沟低0.5～1m或深于抽水泵进水阀的高度以上，集水井直径（或边长）宜为0.7～1.0m。

（2）深大基坑分层明排：当基坑深度较大，地下水位较高且多层土中上部有透水性较强的土层时，可在边坡不同高度分段的平台上设多层明沟。

4. 富水圆砾地层土方开挖管控要点

富水圆砾地层具有独特的土层特性，性质介于砂土与岩石之间，颗粒较粗，级配极不均匀，透水性强，含水量大，如图3-10所示，在该地层开挖易发生涌水涌沙、土体塌方、地表沉陷等事故。

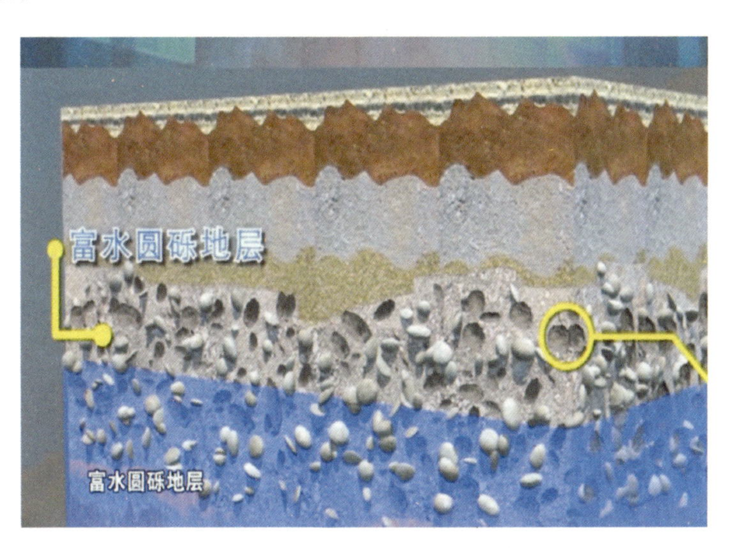

图3-10 富水圆砾地层示意图

富水地层开挖控制要点：

（1）基坑支护面渗漏水的预防及处理：基坑开挖时，对于桩式围护结构，应用“随挖随喷”及时对桩间土喷混封闭，避免桩间土体出现滑塌甚至涌水突泥现象；当基坑采取地连墙围护结构时，预防接缝处出现渗漏水情况。当出现轻微管涌时，可通过插设导流管并涂抹封堵材料（堵漏王）进行处理，如图3-11所示。当支护面出现严重漏水及管涌，可先采用棉纱封堵和堆砌沙袋反压初步处理，同时启动应急预案。

（2）坑底涌水预防及处理：沟通联系勘察单位，如有车站内勘察孔，开挖前联系勘察

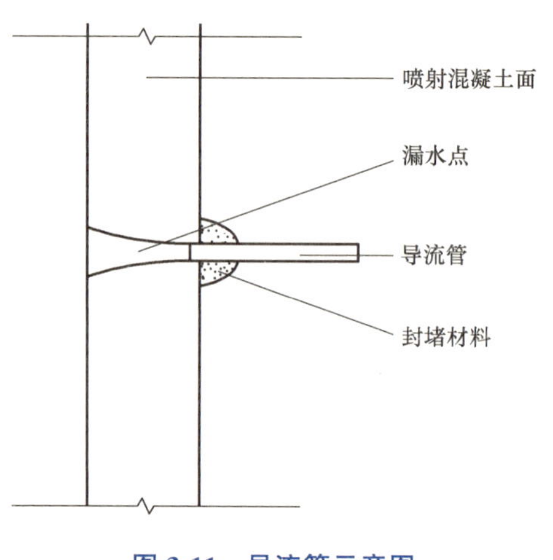

图 3-11　导流管示意图

单位并采取封堵措施。当基底出现轻微管涌时，若水压力较小，可通过设置临时集水坑明排；当基底出现严重漏水及管涌，水压力较大时，可先插设导流管和沙袋反压初步处理，同时立即启动应急预案。

（3）应急物资设备要现场储备充足：包括：棉纱、钻机、袖阀管、水玻璃、水泥、双液注浆机、搅拌机、堵漏王、水泵等。

（4）加大监测频率：险情发生后抢险支撑轴力、地连墙位移及应力、地表沉降等要加大监测频率，及时分析基坑安全状态，调整应对措施。

5. 爆破开挖

爆破（blasting）是利用炸药在空气、水、土石介质或物体中爆炸所产生的压缩、松动、破坏等作用。药包或装药在土石介质或结构物中爆炸时，使土石介质或结构物产生压缩、变形、破坏、松散和抛掷的现象，主要用于基坑土石方工程开挖等，爆破施工工作流程如图 3-12 所示。

（1）施工准备：石方开挖应根据基坑岩石、风化程度、节理发育程度、岩层产状和周边环境等确定爆破施工方案；爆破方案经专家论证且有书面回复意见，并报当地公安部门审核并批准；可能受爆破影响的周边构筑物评估报告；爆破作业人员（包括爆破员、爆破器材保管员、安全员和爆破器材押运员）须经专门安全技术培训考核合格，并取得公安部门发给的有效安全作业证；爆破炸药、雷管、导火索等器材符合施工要求和有关标准规定，有出厂合格证；施工前严格落实“六专”要求。

（2）钻孔作业：钻孔前要清除作业区一定范围内的浮渣；钻孔作业时，做到险石不排除不钻孔，残孔位置不钻孔；正在钻进的炮孔和预装药炮孔之间，应有 10m 以上的安全隔离区；钻孔完毕后，孔内及孔口周围应干净无石渣，钻孔深度、大小、排距应符合满足施工要求，并经技术人员验收合格；作业人员在靠近边坡作业时，应注意坡顶情况，以避免坡顶浮石滚落及塌方，造成人员的伤害；严禁钻孔与装药平行作业。

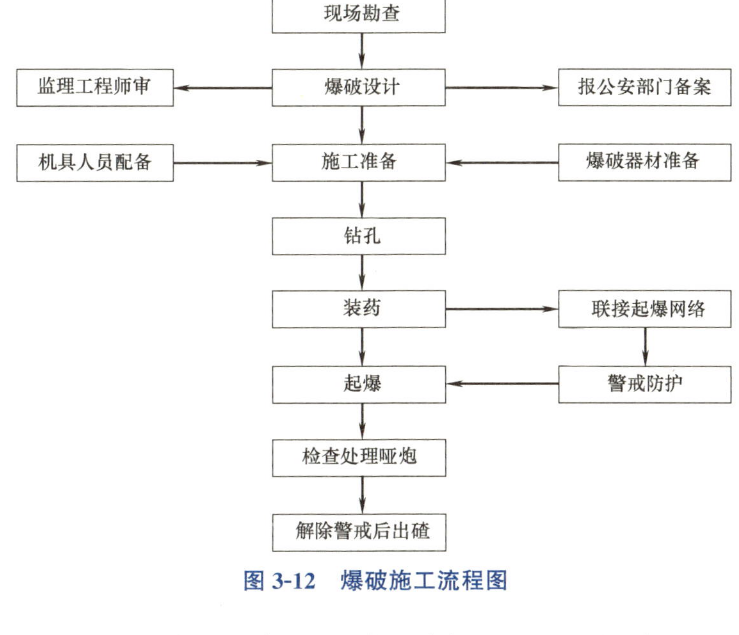

图 3-12 爆破施工流程图

（3）爆破器材的运输安全。运输爆破器材的车辆由具有《爆破物品运输资格证》的司机驾驶，除押运员和爆破员外，严禁其他人员乘坐，严禁使用翻斗车、自卸汽车、拖车、摩托车运输；运输爆破器材的汽车，前后必须悬挂有“危险品”字样的黄色小旗，以引起附近车辆的注意；运输爆破器材车辆不准超载，装载高度不得超过车厢的边缘，运输雷管不得超过规定数量；运输爆破器材车辆的行驶速度不得超过 15km/h；装卸和运输爆破器材时，严禁吸烟和携带发火物品；装卸爆破器材应由专人负责，严禁摩擦、撞击、抛掷。

（4）装药作业：装药前，装药人员应对准备装药的全部炮孔、药室进行检查；从炸药运入现场开始，应划定装运警戒区，警戒区应禁止烟火，搬运爆破器材应轻拿轻放，不应冲撞起爆药包，不应将起爆器材、起爆药包和炸药混合堆放；每个炮孔装药量严格按照爆破设计进行装药，装药方式如图 3-13 所示；装药宜采用木质或竹棍，禁止用任何金属工具；装药过程中，禁止拔出和硬拉起爆药包中的导爆管、导爆索和电雷管脚线。

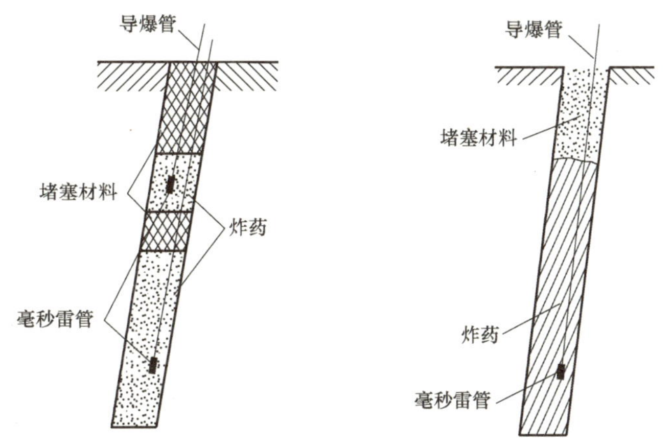

图 3-13 间隔装药、连续装药结构图

（5）起爆：起爆网路类型应根据现场工程实际情况及起爆器材可靠性等确定，常用串联式如图 3-14 所示，起爆网路使用和敷设应遵守以下规定：起爆网路使用的爆破器材均应经现场检验合格；在可能对起爆网路造成损害的部位，应采取保护措施；导爆管网路不应有死结，炮孔内不应有接头，孔外相邻传爆雷管之间应留有足够的距离；用雷管起爆非电导爆管网路时，起爆导爆管的雷管与导爆管捆扎端端头的距离应不小于 15cm，应有防止雷管聚能穴炸断导爆管的措施，导爆管应均匀地敷设在雷管周围并用电工胶带捆扎紧固。

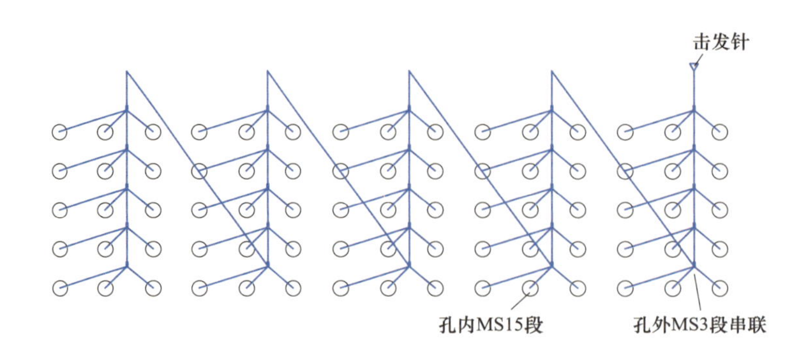

图 3-14 常用电起爆串联式网路图

（6）爆破警戒和信号：装药警戒范围由爆破技术负责人确定，爆破警戒范围经设计和计算确定，应在警戒区边界设置明显标志并派出岗哨；经公安机关审批的爆破项目，安全警戒工作由公安机关负责实施；信号分为预警信号、起爆信号及解除信号，各类信号应使警戒区域及附近的人能清楚听到或看到。

（7）预防飞石：爆破作业时必须进行严密覆盖，防止产生飞石，飞石飞散距离应根据爆破类型及方法等计算确定，但不得小于标准规定的最小安全距离（表 3-2）。爆破网路连接完成后，先在每个炮孔口压上沙袋（约 30kg）；再覆盖上一层炮被（胶皮编织而成），然后再覆盖上一层旧地毯，覆盖层应超出爆破区 2m 以上，自由面也应进行覆盖，如图 3-15 所示。

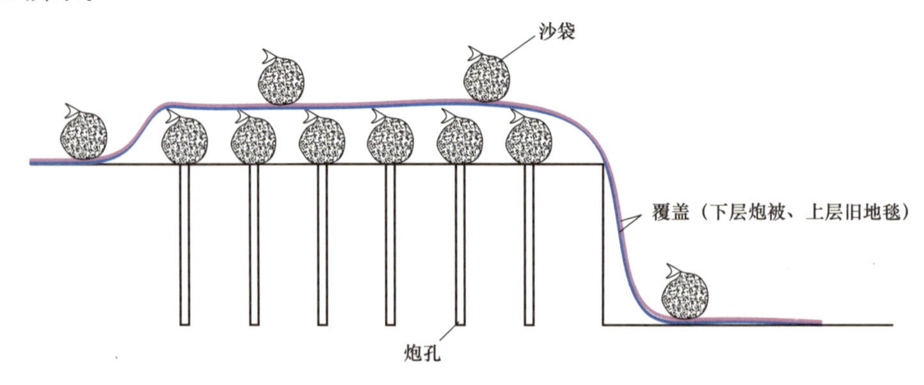

图 3-15 防护覆盖示意图

飞散物最小安全距离 表 3-2

爆破类型和方法		个别飞散物最小安全距离(m)
露天岩土爆破	爆破大块岩矿裸露药包	400
	爆破大块岩矿浅孔爆破	300
	浅孔爆破	200
	浅孔药壶爆破	300
	蛇穴爆破	300
	深孔爆破	按设计,但不小于 200
	深孔药壶爆破	按设计,但不小于 300
	浅孔孔底扩壶	50
	硐室爆破	按设计,但不小于 300

(8) 检查处理哑炮：发现哑炮，应立即报告并及时处理，若不能及时处理，应在附近设明显标志，并采取相应的安全措施；处理哑炮时，无关人员不准在场，应在危险区边界设警戒，危险区内禁止起爆哑炮，须立即切断电源，及时将爆破网路短路；经检查确认炮孔的起爆线路完好时，可重新起爆；哑炮处理完成后，处理者应进行登记，说明产生哑炮的原因、处理的办法、效果及预防措施。

(9) 剩余炸药的处理。临时存放要求：灭火装置必须随时保持状态良好，数量充足；照明采用防爆照明装置，线路必须采用专用电缆，电压不得超过 12V；库房储存量不得超过设计库额；剩余炸药退回库房或现场销毁，严禁在工地过夜存放民用爆炸物品。

(10) 其他注意事项：爆破施工前应进行爆破试验，以进一步修正爆破参数；露天爆破如遇浓雾、大雨、大风、雷电或黑夜时，均不得进行；导火索点火宜采用一次点火，如需多人点火时，应由专人指挥，各点火人员应明确分工，一人点火数超过 5 个或多人点火时，应使用信号导火索或信号雷管控制点火时间；加工起爆药包应于爆破前在现场安全地点进行，并按当班所需数量一次制作，不得留成品；爆破器材由指定取得当地公安机关核发的证照专职爆破员负责领用爆破器材，其他人员一律不准领用；领取的炸药当天用完，如有剩余当天退库，并严格办理退库手续，严禁在工地过夜存放民用爆炸物品。

3.4 钢支撑架设与拆除

(1) 准备工作：编制专项钢支撑架设施工方案并完成审批；施工操作人员接受专项安全技术交底及培训合格，“三宝”齐全且身体状况满足高空作业要求。

(2) 材料进场：进场前应对钢支撑及连接件的材料、尺寸、规格、外观进行检验，合格方可进场施工。

(3) 基坑围护结构基面处理：基坑土方开挖完成后，及时对围护结构基面进行处理。围护结构为桩结构时，应分层挂网喷射混凝土，厚度、平整度宜采用标杆撑拉铁丝线进行控制，如图 3-16 所示；围护结构为地下连续墙时，及时修补墙体结构基面缺陷，平整度符合要求。

图 3-16　围护结构基面处理现场图

（4）钢围檩安装：钢围檩安装前，先安装三脚托架，托架应保证两直角边相互垂直，焊接牢固，并有足够的稳定性；托架宜采用 M20 膨胀螺栓作为锚固件，锚固深度不低于 160mm。钢围檩应安装顺直，纵向各段应在同一平面内，相邻的两个钢围檩节点连接处应采用焊接方式连接，每段围檩设置不少于 2 个防脱落装置且最大间距不超过 3m，钢围檩安装及防坠措施如图 3-17 所示。钢围檩背后应与围护结构顶紧，与喷护面间的空隙用不小于 C30 的细石混凝土填充密实。

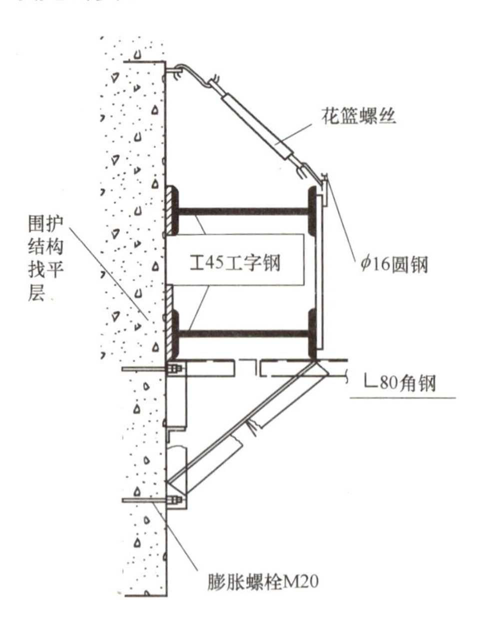

图 3-17　钢围檩安装及防坠措施

（5）钢支撑架设：钢支撑安装的允许偏差应符合下列规定：支撑两端中心标高差不大于20mm；支撑挠曲度不大于支撑长度的1/1000；支撑水平轴线偏差不大于30mm；同层支撑中心标高差不大于30mm；钢支撑应设置防坠落装置，防坠落装置应与围护结构通过钢丝绳与预埋件或膨胀螺栓连接，钢丝绳规格应不小于10mm的6×19圆股钢丝绳，钢丝绳缠绕钢支撑千斤顶支托架内侧一周并锁死，锁死卡扣应不少于2个，且防坠绳不得直接绑在活络端上，钢支撑防坠和架设效果如图3-18所示；支撑上严禁吊挂或堆放其他荷载；吊装支撑时，应严格执“挂牌准入制”制度要求，设置安全警戒区域，专人旁站监督。

图3-18　钢支撑防坠和架设效果图

（6）施加预应力：预应力施工前，根据设计预加轴力确定千斤顶，千斤顶及油泵必须出具有效的标定报告；施加预应力时应在活动端沿支撑两侧对称逐级加压，每次加压完成后保持压力不少于5min，待压力稳定后，采用特制铸铁楔子塞紧固定。第一次加预应力后应在12h内观测预应力损失情况，及时恢复至设计值，预应力施加及千斤顶支托架如图3-19所示。

图3-19　预应力施加及千斤顶支托架效果图

（7）钢支撑拆除：支撑应严格按照设计及内衬结构施工的顺序拆除，拆除时间应满足设计要求，不得提前或超范围拆除支撑。拆除时，预加支撑轴力应缓慢、匀速卸载，现场施工应按照“卸力一根拆除一根”的原则循环进行，严禁支撑先行卸力后统一拆除。

3.5 混凝土支撑施工与拆除

（1）根据设计图纸明确支撑中心线及与冠梁交叉点位置，并报监理单位复核。支撑端头钢筋锚固至冠梁结构符合设计要求。

（2）混凝土支撑底部与垫层之间应设置临时隔离措施，一般铺设牛毛毡或塑料薄膜，防止后期基坑开挖垫层粘黏支撑，存在落物伤人安全隐患。

（3）支撑浇筑完成后，及时覆盖保湿养护，支撑强度未达标前严禁进行土方开挖。

（4）混凝土支撑拆除前，必须完成该支撑底标高以下的结构施工，待达到设计强度后方可拆除相应的支撑。

（5）支撑拆除期间，基坑周边限制堆载，防止过大静荷载的作用影响基坑安全，同时加强基坑的位移监测。

（6）当采用绳锯切割方法施工时，必须设置可靠的临时承重措施，避免较大冲击荷载的作用影响基坑安全。拆除过程由中间向两侧依次分节、分段拆除，起吊过程应采用 4 点吊，支撑拆除一次起吊构件重量、吊点承载力及强度、吊车规格选用等应有专项验算并严格按照方案执行。

3.6 高支模

项目部组织编制脚手架搭设专项施工方案，并报监理审批完成；操作人员必须经过安全技术培训并取得特种作业人员操作证，接受项目部安全教育及安全技术交底工作；操作人员“三宝”齐全且身体状况满足高空作业要求，配备防滑鞋；施工过程中严格执行“六专”及“挂牌准入”制度要求。

1. 扣件式脚手架

（1）材料进场验收：

扣式脚手架钢管一般规格 ϕ48.3×3.6mm。每根钢管的最大重量不应大于 25.8kg，新进钢管必须有产品合格证及材质检验报告；扣件应表面光整，不得有砂眼、气孔、裂纹、变形、螺栓滑丝等缺陷，抗拉强度不低于 330MPa，在螺栓拧紧扭力矩达 65N·m 时不得发生破坏。

（2）搭设要求：

1）搭设基础基面应平整坚实，排水畅通，底座、垫板与基面之间不得出现悬空。

2）垫板宜采用长度不少于 2 跨、厚度不小于 5cm 的木板，也可以使用槽钢，底座、垫板中心线应在同一线上，如图 3-20 所示。

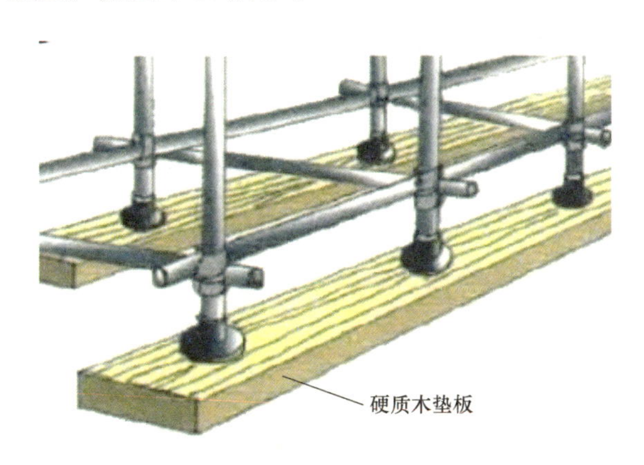

图 3-20 垫板设置示意图

3）满堂脚手架搭设一般宜按照以下顺序进行：纵向扫地杆→立杆→横向扫地杆→横向水平杆→纵向水平杆→剪刀撑。纵横扫地杆高度≤200mm。

4）搭设过程中，为便于作业和安全，应平稳满铺一定数量的脚手板，脚手板刚度和强度符合设计要求，且不得出现探头板现象。

5）立杆采用对接接头连接，立杆与纵向水平杆采用直角接头连接，接头位置交错布置，两个相邻立杆接头避免出现在同步同跨内，并在高度方向错开的距离不小于 50cm，各接头中心距主节点的距离不大于步距的 1/3。立杆垂直偏差应控制在不大于架高的 1/400。

6）当立杆基础不在同一高度时，必须将高处的纵向扫地杆向低处延长两跨以上与立杆固定。

7）脚手架外侧立面整个长度和高度上连续设置剪刀撑，剪刀撑跨度不应小于 4 跨，且不应小于 6m，与地面倾角宜在 45°～60°。剪刀撑应采用对接或搭接，采用搭接时，搭接长度不小于 1m，应采用不少于 2 个扣件固定。

8）搭设过程中，架上人员应做好分工和配合，传递杆件时应掌握好重心；小型工具应随手放人工具袋（套），脚手架上不准堆放零星杂物。切勿盲目抛投杆件及其他物品，避免掉落造成人员伤害。

9）搭设过程中不宜同时在下部进行无任何防护措施的加固垂直交叉作业，以免出现落物伤人。

10）遇有 6 级及以上大风和大雨、大雪之后，或停工超过一个月，必须再次对脚手架进行检查。

11）架体完成后，必须由项目经理、技术负责人、项目安全负责人等组成验收小组对架体进行验收，并保存相关验收记录。

2. 碗扣式脚手架

（1）材料进场验收

碗扣式脚手架钢管一般规格 $\phi48.3\times3.6$mm，细部构造如图 3-21 所示；钢管应无裂缝、凹陷、锈蚀，不得接长钢管；立杆最大弯曲变形矢高不超过 $L/500$，横杆斜杆变形矢高不超过 $L/400$；碗扣等表面光整，不得有砂眼、缩孔、裂纹等缺陷；可调构件，螺纹部分完好，无滑丝现象；各焊缝饱满，没有咬肉、夹渣、裂纹等缺陷。新进钢管扣件等必须有产品合格证及相关材质检验报告。

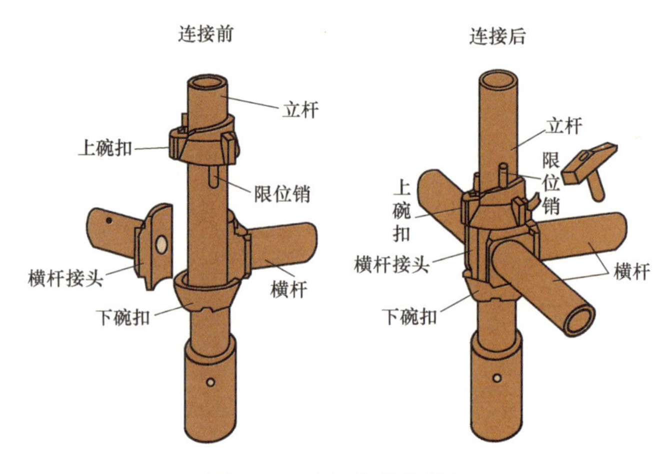

图 3-21　碗扣接头构造图

（2）搭设要求

1）混凝土基面如平整可直接将立杆放置基面上，如基面不平整可加设垫板，使之整个支架体系保持在一个标高上；垫板、底座应准确地放在定位线上；垫板必须铺放平稳，不得悬空。

2）所有碗扣锁紧，可调底座及可调 U 形顶托螺母必须与立杆、横杆紧贴。

3）纵横扫地杆高度≤200mm；剪刀撑接长宜采用扣件式搭接，搭接长度≥1m，用 3 个扣件连接，杆端距扣件盖板边缘≥100mm。剪刀撑应与立杆扣接，严禁剪刀撑扣接在横杆上。

4）整架垂直度小于 $L/500$，但最大允许偏差为 100mm。

5）在架子上施工的各工种作业人员，应注意自身安全（尤其是在卸料平台上的工作人员）；不得随意向下、向外抛、掉物品，不得随意拆除安全防护装置。

6）搭设过程中，脚手架上不准堆放零星杂物，避免掉落造成人员伤害。小型工具应随手放入工具袋（套）内，上下传递物件时禁止抛掷。高空作业不宜上下重叠，确实需要时在两层中间设置可靠的隔离设施。

7）配件必须装插牢固，支柱和斜撑下的支撑面应平整垫实，并有足够的受力面积，侧模斜撑的底部应加设垫木。墙和柱子模板的底面应找平，下端应与事先做好的定位基准靠紧垫平，在墙、柱上继续安装模板时，模板应有可靠的支撑点，其平直度应进行校正。

8）下层板结构的强度，当达到能承受上层模板、支撑和新浇混凝土的重量时，方可进行，否则下层板结构的支撑系统不能拆除，同时上下支柱应在同一垂直线上。

9）模板及其支撑系统在安装过程中，必须设置临时固定设施，严防倾覆，支柱全部安装完毕后，应及时加设水平撑和垂直剪刀撑，并与支柱固定牢靠。

10）支设立柱模板和梁模板时，必须搭设施工层脚手板，外侧设防护栏杆，不得站在柱模板上操纵和在梁模板上行走，更不得利用拉杆支撑攀登上下。

11）架体完成后，必须由项目经理、技术负责人、项目安全负责人等组成验收小组对架体进行验收，并保存相关验收记录。

12）脚手板铺设不得出现探头板，搭接长度不得小于 20cm，脚手架外挂安全立网，设置安全警示牌。

13）遇有 6 级及以上大风和大雨、大雪之后，或停工超过一个月，必须再次对脚手架进行检查。

3. 承插盘扣式脚手架

（1）材料进场验收

承插盘扣式脚手架主要由焊有连接盘的立杆、连接有扣接头的水平杆、斜杆及插销组成，细部构造如图 3-22 所示。铸铁或钢板热煅制作的连接盘厚度不应小于 8mm，允许尺寸偏差±0.5mm，钢板冲压制成的厚度不应小于 10mm，允许尺寸偏差±0.5mm。插销外表面应与水平杆和斜杆扣接头表面吻合，且具有可靠的防拔脱构造措施，厚度不应小于 8mm，允许尺寸偏差±0.1mm。新进钢管及扣件必须有产品合格证及相关材质检验报告。

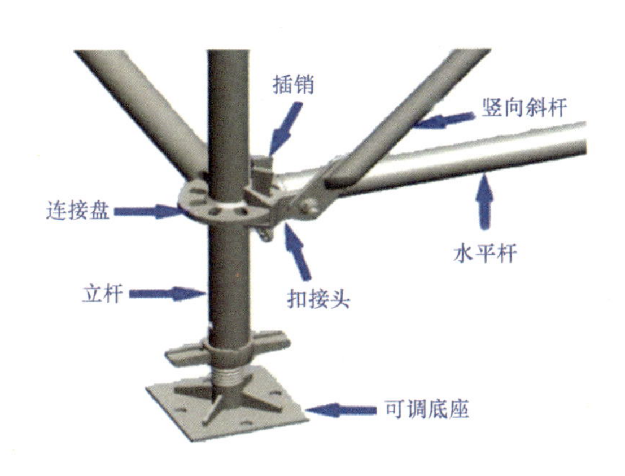

图 3-22 连接盘构造图

（2）搭设要求

1）搭设基础基面应平整坚实，排水畅通。当地基高差较大时，可利用可调底座调整立杆，使相邻立杆上安装同一根水平杆的连接盘在同一水平面。

2）立杆连接套管可采用铸钢套管或无缝钢管套管。采用铸钢套管形式的立杆连接套长度不应小于 90mm，可插入长度不应小于 75mm；采用无缝钢管套管形式的立杆连接套长度不应小于 160mm，可插入长度不应小于 110mm。套管内径与立杆钢管外径间隙不应大于 2mm。此外，立杆与立杆连接套管应设置固定立杆连接件的防拔出销孔，销孔孔径不应大于 14mm。

3）模板支架可调托座伸出顶层水平杆长度严禁超过 650mm，且丝杆外露长度严禁超过 400mm，可调托座插入立杆长度不得小于 150mm。

4）每一步搭设完成后，应及时校正水平杆步距，立杆的纵、横距，立杆的垂直偏差和水平杆的水平偏差。立杆的垂直偏差不大于架高的 1/500，且不大于 50mm。

5）立杆、横杆及斜拉杆安装就位后需及时用不小于 0.5kg 锤子将楔形销固定，且保证插销尾部外露不小于 15mm。

6）遇有 6 级及以上大风和大雨、大雪之后，或停工超过一个月，必须再次对脚手架进行检查。

7）架体完成后，必须由项目经理、技术负责人、项目安全负责人等组成验收小组对架体进行验收，并保存相关验收记录。

4. 高支模拆除

（1）高支模拆除前，必须确认混凝土强度达到设计要求才能进行拆除，且拆模时间不宜少于 3 天，强度要求详见表 3-3。

现浇结构拆模时所需混凝土强度要求　　表 3-3

构件类型	结构跨度（m）	达到设计的混凝土立方体抗压强度标准值的百分率（%）
板	≤2	≥50
	>2，≤8	≥75
	>8	≥100
梁	≤8	≥75
	>8	≥100
悬臂构件	—	≥100

（2）在作业范围设安全警戒线并悬挂警示牌，拆除时派专人看管，严禁非操作人员进入作业区。

（3）拆除脚手架前，应清除脚手架上的材料、工具和杂物。

（4）拆除作业应遵循以下顺序：先支后拆，后支先拆，先非承重部位后承重部位、及自上而下。拆除时要逐块拆卸，严禁成片大面积松动和撬落、野蛮拉倒。

（5）拆除工作中，严禁使用榔头等硬物击打、撬挖。

（6）要连续同步往下拆卸，对于连墙杆、长水平杆、剪刀撑，必须在脚手架拆卸到相关跨门架后，方可拆除。

（7）拆除时，不得中途换人，如必须换人时，应将拆除情况交代清楚后方可离开。拆下的材料要及时下运，严禁抛掷，运至地面的材料应按指定地点随拆随运，分类堆放，拆下的扣件要集中回收处理。

3.7 高压线下施工

1. 高压线下施工一般要求

（1）必须设置明显的“高压危险，注意安全”等警示标识。

（2）不得在高压线下搭设作业棚、钢筋加工棚、建造生活设施或堆放易燃易爆材料。

（3）在建工程（含脚手架）与高压线最小安全距离符合要求详见表 3-4。

高压线下施工最小安全距离 表 3-4

电压等级	1kV 以下	1～10kV	35kV	66～110kV	154～220kV	330kV	500kV
水平方向(m)	1.0	1.5	3.0	4.0	5.0	6.0	8.5
垂直方向(m)	1.0	1.5	3.0	4.0	5.0	6.0	8.5

（4）在高压线下设置有效地防护措施，如限高架、隔离防护棚、红外线自动报警装置等。限高架、隔离防护棚宜加装灯带等夜光设施，避免夜间施工照明不足发生触碰。如图 3-23 所示。

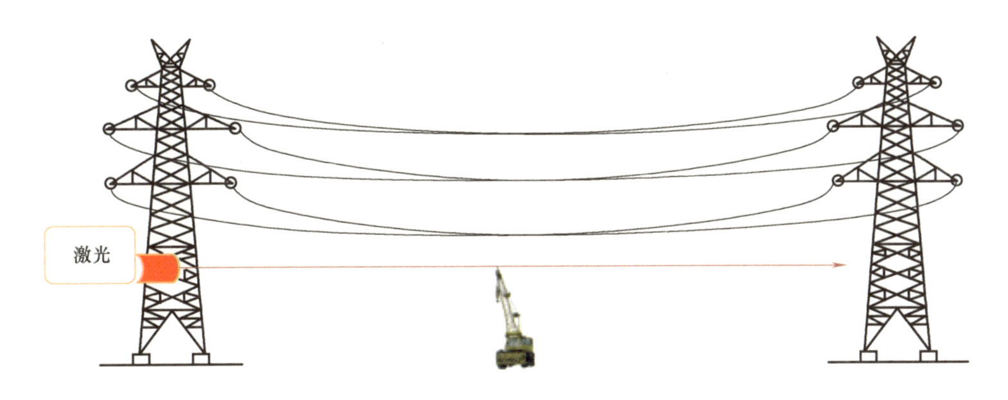

图 3-23 激光网防护示意图

（5）大雨、大雾、雷电等恶劣性天气禁止在高压线下施工，防止高压感应电伤人，并撤离相关人员、机械。

（6）在高压线附近开挖沟槽或基坑时，必须会同有关部门采取加固措施，加强电杆基础监测，防止电杆倾斜、悬倒。

（7）盾构始发尽量不选择高压线附近。

2. 高压线下围护结构施工

（1）调查清楚高压线详细情况，如高压线类型、高压线最小下垂高度等；根据调查情况编制高压线下围护结构专项施工方案，完成审批后方可实施。

（2）机械操作人员进行专项安全教育、交底，告知高压线下施工相关的注意事项，应急处置措施等。

（3）围护结构施工机械旋挖钻机、成槽机等正常工作状态下与架空线路最小安全距离满足要求（表3-5）；若满足不了最小安全距离，围护结构成孔应采用其他方法，如冲击钻施工等。

（4）当钢筋笼长度较长时，宜采用分节吊装的施工方案进行下笼，钢筋笼分节单节长度＋最小安全距离＋吊具总长度不得大于高压线最小下垂高度。

（5）大雨、大雾、雷电等恶劣性天气禁止在高压线下施工，防止高压感应电伤人，并撤离相关人员、机械。

3. 高压线下起重吊装作业

（1）严禁起重机越过无防护设施的高压线作业。

（2）起重机的任何部位或吊物边缘在最大偏斜时与高压线的最小安全距离详见表3-5要求。

施工机械与架空线路的最小安全距离　　表3-5

电压等级	1kV以下	1～10kV	35kV	66～110kV	154～220kV	330kV	500kV
水平方向(m)	1.5	2.0	4.0	5.0	6.0	7.0	8.5
垂直方向(m)	1.5	2.0	3.5	4.0	6.0	7.0	8.5

（3）当最小安全距离达不到规定时，必须采取绝缘隔离防护措施，并应悬挂醒目的警告标志。当防护设施无法实现时，必须与电力管理部门协商，采取迁移高压线措施。

（4）门式起重机顶部安装绝缘板，定期检测接地情况。

（5）吊装作业时，操作司机、司索工、信号工等熟悉现场高压线情况，专职安全员旁站监督。

（6）大雨、大雾、雷电等恶劣性天气禁止在高压线下吊装作业，防止高压感应电伤人，并撤离相关人员、机械。

3.8 管线保护

1. 管理要求

（1）管线调查采用物探配合人工探挖的方式，管线调查成果及时更新并组织地下管线分布情况交底和管线区域开挖土方安全技术交底，交底教育不到位绝不开挖。

（2）对影响施工的燃气管道、给水管道、高压线、光缆等，必须指定专人与产权单位建立联系机制，确保及时获取管线相关信息和调动应急抢险资源。

（3）未探明管线区域，禁止机械开挖土方、勘探钻孔等作业；人工开挖需有安全员、技术员旁站，全程监控施工作业。

（4）已探明管线需及时做好防护、标识、警示，施工期间未经允许严禁机械触碰管线。

（5）任何人禁止随意挪动管线保护设施，项目管理人员负责日常巡查，安全监督部负责定期抽查。

（6）管线施工前，编制管线保护专项施工方案及应急预案，组织全体参与人员进行应急演练，熟悉各种管线上下游控制阀门及开关情况，开挖过程中按要求办理动土令并严格按照施工方案执行。

（7）管线施工前，项目部应与分包队伍签订管线保护安全施工协议，明确双方职责。

（8）举办政治、商业、文体等重大活动期间，或者建设单位指定的其他时段，严禁进行管线迁改施工。

2. 管线防护、警示标准化

（1）标准化理念：管线防护、警示设施采用橙色、红色等醒目颜色；根据管线走向，分别在地面上、墙上、围栏上设置醒目的警示标识、标牌。

（2）对已探明的地下管线应采用固定式防护措施，放置管线防护铁架（涂刷红色油漆）防护，并设置管线保护区，并挂设管线保护警示牌。

3. 管线防护相关标准化示例

（1）临时防护：管线探挖后，应立即架设防护铁架，刷红色油漆，随后及时完善管线保护区相关设施，具体设置如图 3-24 所示。

图 3-24　管线保护铁架现场效果图

（2）管线保护区：采用固定式防护并挂设管线信息牌，侧面挂设管线保护警示牌，具体设置如图 3-25 所示。

图 3-25　管线保护区警示牌现场效果图

（3）管线简要信息牌：设置于管线走向正上方，标明管线走向，具体设置如图 3-26 所示。

图 3-26　管线简要信息牌现场效果图（一）

（4）人行通道旁：在管线走向与工地围挡交叉的工地围挡内侧张贴“管线保护区”，该警示牌与管线保护区侧面警示牌一致。

（5）地面标线：用橙黄色标线热熔漆在地面标画出管线走向，如热熔漆涂刷机操作空间限制无法作业，可用红色油漆涂刷标线，如图 3-27 所示。

（6）已迁改管线：及时撤离管线保护设施，并挂设已迁改提示牌；已迁改燃气管线需先放气后撤离管线保护设施，具体设置如图 3-28 所示。

图 3-27　地面标线现场效果图

图 3-28　管线简要信息牌现场效果图（二）

第4章 盾构法施工工序安全管控要点

4.1 盾构吊装

1. 吊车验收

进场吊车需按规范检查各部件可靠性，执行四方验收（建设单位、监理单位、施工单位、分包单位），并做好验收记录。

2. 吊装平台要求

（1）吊装平台需平整、稳固、可靠，地基承载力满足吊装需要。

（2）吊装平台临近基坑时，对挡土墙进行抗倾覆验算。

（3）吊装区域周边环境需进行详细调查，如地下管线、高空障碍物、作业环境等信息。

（4）盾构基座需平稳可靠，避免下放过程造成构件变形。

（5）吊装作业区域应封闭并做好警示标识。

3. 吊耳检查

（1）起吊前，对盾构机前、中、尾盾以及刀盘的主吊耳、翻身吊耳的数量、位置进行检查，应与吊装方案一致。

（2）对吊耳焊缝的外观尺寸进行检查，并进行探伤检测。

（3）盾构机后配套宜选用螺栓连接式吊耳。吊装前，对吊耳紧固情况进行检查。

4. 台车吊装要点

（1）台车吊装下井前，始发托架、轨道安装定位牢固，轨距满足台车、电瓶车行走要求。

（2）盾构吊装场地受限时，应根据吊装方案，合理安排台车进场顺序。

（3）台车吊装前需进行支撑焊接，活动部件加固捆绑，避免台车变形及零散构件掉落。

（4）台车吊装采用四个吊耳起吊，吊装过程中通过麻绳控制台车偏转，防止碰撞，台车吊装如图 4-1 所示。

(a)

(b)

图 4-1　台车吊装示意图

（5）台车下井后，将台车用防滑楔楔住，防止溜车。

5. 盾构机翻身吊装要点

（1）翻身前需对履带吊司机进行技术交底及安全教育，了解翻身过程中重心变化。

（2）翻身前进行试吊，确认吊装物件重量、重心并验算负荷率。

（3）翻身过程中需缓慢，适当调整大臂控制重心变化，使两台起吊钩、滑车组均尽可能保持垂直状态。

（4）主副钩配合缓慢起钩，履带吊主钩起至一定高度后，再将副钩缓慢下放，重复以上过程直至翻身完毕。盾构机翻身吊装如图 4-2 所示。

图 4-2　盾构机翻身吊装

6. 吊装物体及吊具

（1）熟悉吊装物件图纸，了解其尺寸、重量、重心。

（2）对所用钢丝绳、吊耳、卸扣进行检验。

（3）吊装施工前由技术人员对吊装作业人员进行详细施工技术交底，并对吊装和运输设备进行检修。

（4）对重要部位挂钩、钢丝绳、锁绳夹等的状况及连接是否紧固进行检查，发现异常及时排除。

（5）做好履带吊班前检查确保运转正常。

7. 盾构吊装“六专”管理

盾构吊装属于施工重大风险，应严格执行以下管理要求。

（1）编制盾构吊装安全专项施工方案。

（2）编制盾构吊装专项应急预案。

（3）组织召开专家论证会对安全专项施工方案、专项应急预案进行论证。

（4）施工前组织盾构吊装安全条件专项验收。

（5）盾构吊装作业全过程落实盾构施工专项监测方案。

（6）盾构吊装作业全过程落实专人值班。

8. 盾构吊装前安全条件验收

盾构吊装属于危险性较大的分部分项工程范畴，应严格执行管控要点风险管控程序，吊装前由监理单位组织参建各方进行条件验收，验收要点详见表 4-1。

盾构吊装前安全条件验收要点　　表 4-1

序号	验收条件	内容	验收要点
1	主控条件	方案评审	盾构机吊装方案评审，评审意见已落实或整改
2		盾构机参数	盾构机各部件尺寸符合方案要求
3		起重吊装设备	起重吊装设备安全技术档案齐全，进出场记录齐全有效，安装稳固，防护到位，已通过验收
4		吊装平台要求	平面尺寸、地基承载力、作业环境满足吊装要求
5		吊耳检测	盾构各吊耳已通过探伤检测，检测结果符合吊装要求
6		吊车吊件验算	钢丝绳、吊耳、卸扣验算结果符合吊装要求，现场验收合格
7		地表监测	挡土墙倾斜、沉降监测点设置完成，初始值已采集
8		应急准备	应急物资到位，通信畅通，应急照明、消防器材符合要求
9		潜在风险分析	对本工程潜在的风险进行辨识和分析，有针对性、可操作性的应急预案编制完成并落实抢险设备、材料、人员、方案等

续表

序号	验收条件	内容	验收要点
10	一般条件	工期安排	制定详细吊装计划，各环节定人定岗
11		分包管理	吊装单位资质、安全生产许可证等资料齐全，安全生产协议已签署，人员资格满足要求
12		作业人员	拟上岗人员安全培训资料齐全，考核合格；特种作业人员类别和数量满足作业要求，操作证齐全。施工和安全技术交底已完成
13		技术交底	施工现场技术交底（含各施工工艺和步骤）已按要求完成

9. 吊装作业

（1）班前教育

每班开工前需要进行安全技术交底，明确当班施工内容、吊装构件大小、明确指令发出人。

（2）安全生产条件“挂牌准入”

针对盾构吊装作业，由施工、监理单位相关管理人员现场共同确认作业环境、作业人员、拟投入的设备、设施等安全条件，并经各方共同签字确认后，作业人员方可进入该区域作业，以确保安全生产。

（3）吊装指挥

吊装作业需设置专职指挥及中板、底板指挥，并保持通信畅通。对超长构件（如台车）需设置专职司索人员，通过绳索辅助吊装。

（4）人员及设备检查

施工前，当班作业人员应全部到位，并对起重设备、运输设备进行检查。

（5）作业环境

1）风力、天气条件符合吊装要求。

2）吊装作业区设置警戒线、安全警示标志，防止其他车辆、人员误入，必要时派专人进行疏导。

3）起重机械作业范围内，无影响起重机回转及行走的障碍物。

4）夜间吊装，现场照明条件满足吊装要求。

（6）试吊

吊装前必须进行试吊，试吊离地面10cm，静止5min，检查起重机各项性能及各配件是否安全。试吊合格后起离地面50cm后重新放回地面确认制动性能。

（7）吊装过程管控

严格按照吊装方案进行吊装，盾构机各部件吊装顺序、起吊方法不得随意变化；施工单位、监理单位安排专职人员进行旁站，严格遵守吊装作业“十不吊”要求；加强施工监测及巡查，如出现监测预警或异常情况应立即停止作业。

4.2 盾构始发

1. 盾构常规始发

(1) 盾构始发段土体加固

为了确保盾构始发的安全和更好地保护附近的地下管线和建（构）筑物，盾构始发前需对始发端头土体进行加固。

1）施工单位应按照设计要求、场地环境编制端头土体加固方案，加固的几何尺寸、质量效果应满足设计和规范要求。

2）洞门凿除前应按照工法类型、设计龄期、施工规范要求，对端头加固改良后的土体进行抽芯检测，加固土体质量应满足设计规范要求，对抽芯检测不合格的部位应采取补加固措施处理后，重新抽芯检测。

3）始发前，对掌子面以打水平探孔方式观察是否有渗漏或流沙等异常情况。如有，必须进行有效封堵，并采取措施进一步对端头土体进行处理。

4）针对端头加固施工作业，应执行施工作业安全生产条件“挂牌准入”，作业环境、作业人员、拟投入的设备、设施等安全条件经各方共同签字确认后，作业人员方可进入该区域作业。

(2) 盾构始发基座安装

1）始发基座进场前，施工单位应对其进行受力验算，计算强度需留出足够的安全余量，验算结果应满足最大承载力要求。

2）盾构始发必须将盾构机准确的安放在符合设计轴线的始发基座上，始发基座的定位应根据实测洞门钢环尺寸、位置、底板标高及设计轴线综合确定。

3）在始发基座安装完成后，必须对基座进行有效加固，对受力进行验算，确保在盾构吊装过程基座不发生移位或扭转。

4）盾构机与始发托架接触处应焊接防扭转装置，以防止盾构始发阶段由于盾构机刀盘受到土体的反力而发生盾体的滚动，始发托架如图 4-3 所示。

(3) 盾构机及后配套设备井下验收

盾构法隧道施工主要依靠盾构机及配套设备完成掘进任务，由于受工作井内空间限制，需将盾构机及后配套台车分节吊装运至井下，并在井下安装、调试和试运转。盾构机主要由盾构壳体（包括刀盘及切口环、支撑环、盾尾）、推进系统、拼装系统、油脂润滑系统、监控系统等组成。在井下验收工作中的重点是对盾构机及后配套设备主要部件和系统检查和核对，并对试运转情况进行见证，在验收合格前提下可批准盾构机及配套设备投入使用。

(4) 反力架安装

1）反力架必须有足够的刚度和强度，应经过受力验算满足最大承载力要求。

图 4-3　始发托架安装

2）反力架安装要定位准确，支撑加固体系安全可靠，符合盾构始发最大推力要求。

3）推进过程中应对反力架体系进行监测，根据监测结果及时采取措施，确保安全。

4）反力架安装如图 4-4 所示，安装完成后，施工单位应组织对反力架、支撑系统进行安装检查及焊缝检测，并报监理单位确认。

图 4-4　反力架安装

（5）洞门止水装置安装

由于隧道洞口与盾构之间存在建筑间隙，易造成泥水流失，从而引起地面沉降及周围建筑物、管线位移，因此需安装洞门止水装置，如图 4-5 所示。止水装置一般包括帘布橡胶板、圆环板、扇形板及相应的连接螺栓和垫圈等。

1）洞门凿除前应依据设计图纸要求安装密封装置（常用密封装置为帘布橡胶板＋扇

形环板组合），应对密封装置进行保护。

2）常用帘布橡胶板＋扇形环板组合密封装置安装时，帘布橡胶板凸缘的朝向，应与盾构机推进方向一致。扇形环板长度应与洞圈和盾构外壳尺寸相匹配。

3）扇形环板螺栓应安装到位并进行复紧，保证帘布橡胶板密贴洞门钢环，防止盾构出洞后同步注浆浆液泄漏。

图 4-5　洞门止水装置

（6）盾构始发前安全条件验收

盾构施工属于危险性较大的分部分项工作范畴，盾构始发应严格执行管控要点风险管控程序，由监理单位组织参建各方进行始发前条件验收，验收要点详见表 4-2。

（7）盾构始发

1）盾构始发执行“六专”管理，应编制安全专项施工方案、专项应急预案并组织专家论证，组织盾构始发前条件验收，全过程落实施工监测方案、专人值班。

2）盾构始发落实“挂牌准入”，由施工、监理单位相关管理人员现场共同确认作业环境、作业人员、拟投入的设备、设施等安全条件，并经各方共同签字确认后，作业人员方可进入该区域作业。

3）盾构始发准备工作就绪后，为减少正面土体暴露时间，盾构从始发基座导轨上应及时向前推进，并重点关注以下几点。

① 严格控制推力，实时监控反力架的变形情况。

② 安排专人观察盾构始发期间洞口是否有渗漏，如发现洞口有漏水或漏浆，应及时进行二次注浆封堵。

③ 加强对端头地表的监测，根据监测情况合理调整掘进参数。

盾构始发施工前验收要点 表 4-2

序号	验收条件	内容	验收要点
1	主控条件	设计、勘察交底	施工现场已完成设计、勘察交底
2		工作井及各项技术参数	工作已按设计要求完成，其标高、轴线、结构强度等各项技术，参数符合设计和规范要求并能满足盾构施工各阶段受力要求（端头井结构尺寸和洞门中心已复核且符合设计要求）并通过验收
3		施工方案及监理细则	盾构推进、始发方案（含端头加固）、安全专项施工方案（包括应急预案）已通过专家论证，论证意见已落实或整改；方案已被建设单位审批；监理细则已审批
4		测量	井下控制点设置通过验收，测量数据已复核，盾构位置测量验收完毕，测量参数满足施工要求
5		盾构机安装调试	始发前盾构机安装调试验收完成（附设备验收报告）
6		始发托架、反力架及导轨	反力架等结构强度和刚度已设计验算并符合要求，已防扭转装置，导轨稳固，通过验收（附始发反力架设计图纸、验算书）
7		端头降水及洞门土体加固	已采取自动降水（降压）措施，降水井数量、管径、材质、深度等符合设计要求，出水含沙量、降水水位等符合设计要求，运行正常。洞门探孔已打，未发现渗漏水等异常情况，加固范围及参数指标符合设计要求（附端头加固效果检测报告）
8		洞门密封	洞门密封止水装置安装完成。外观质量及完整性符合设计要求
9		盾构管片	盾构管片已进场并验收合格
10		浆液制作	浆液制作设施已完成，浆液配合比已确定，胶凝时间、强度及稠度等指标符合施工要求
11		监测	监测方案已审批，监测点设置通过验收，初始值已测取，控制值已确定，施工参数及监测参数满足施工要求
12		监控系统	盾构机已安装安全监控系统，具备后续接入监控平台的条件；远程视频监控各点位摄像头已完成，并能接入监控平台
13		应急准备	应急物资到位，通信畅通，应急照明、消防器材符合要求
14	一般条件	材料及构配件	质量证明文件齐全，复试合格，已验收
15		设备机具	特种设备安全技术档案齐全，进场记录齐全、有效，安装稳固，防护到位，已验收
16		分包管理	分包单位资质、许可证等资料齐全，安全生产协议已签署，人员资格满足要求
17		作业人员	拟上岗人员安全培训资料齐全，考核合格；特种作业人员类别和数量满足作业要求，操作证齐全。施工安全技术交底已完成
18		风水电	施工风、水、电满足施工需求

2. 盾构钢套筒始发

（1）钢套筒定位

钢套筒安装前，测量始发端头井标高、钢套筒结构尺寸及隧道洞门中心线三维坐标，根据实测数据及盾构始发姿态优化钢套筒实际中线位置坐标与设计轴线偏差不得超过±10mm。

（2）钢套筒进场验收

钢套筒下井前需完成洞门过渡环圆度校正、上端盖同心度检修校正及密封装置检修；

并进行预拼装、预打压工作，检测合格后下放钢套筒底座（检测内容包括密闭试验，压力表标定，结构强度及完整性等内容）。

（3）钢套筒加固

根据结构洞门长度、钢套筒长度反算负环管片拼装数量型号。校核钢套筒位置、标高及反力架位置标高，确保负环管片与拼装精度。定位对钢套筒四周进行固定，并顶靠到侧墙或柱子上。洞门钢环与钢套筒连接需紧固可靠，必要时可内部加焊。

（4）钢套筒合龙要点

盾构机具备始发条件后，可进行钢套筒的合龙，合龙后效果如图 4-6 所示，合龙过程应注意螺栓紧固的顺序，禁止单边直接拧紧。遇特殊情况可采用葫芦辅助合龙（泥水盾构合龙前可根据需要添加止浆棉，避免泥浆循环造成浆液流失）。在钢套筒合龙过程中需安装百分表、压力表等测量用具，用于监测钢套筒的变形、位移。钢套筒合龙后对反力架进行最后的加固和固定并对钢套筒进行预压检查反力架加固情况。

图 4-6　钢套筒合拢效果

（5）钢套筒回填

钢套筒合龙后通过填料口回填中细沙，按照分层浇水回填的原则，使回填料形成固结效果，回填施工如图 4-7 所示。

（6）保压措施

1）负环管片拼装前需粘贴止水条及缓冲垫。

2）洞门处 0 环及 1 环选择增加注浆孔管片。

3）盾尾抵达洞门处时加强同步注浆进行洞门封堵，如图 4-8 所示。

（7）钢套筒盾构始发前安全条件验收

盾构施工属于危险性较大的分部分项工作范畴，盾构钢套筒始发应严格执行管控要点风险管控程序，由监理单位组织参建各方进行始发前条件验收，在盾构常规始发验收内容的基础上，增加如下检查内容：

1）钢套筒、反力架安装及加固验收。

2）钢套筒经保压试验合格，验收记录齐全有效。

图 4-7　钢套筒回填施工

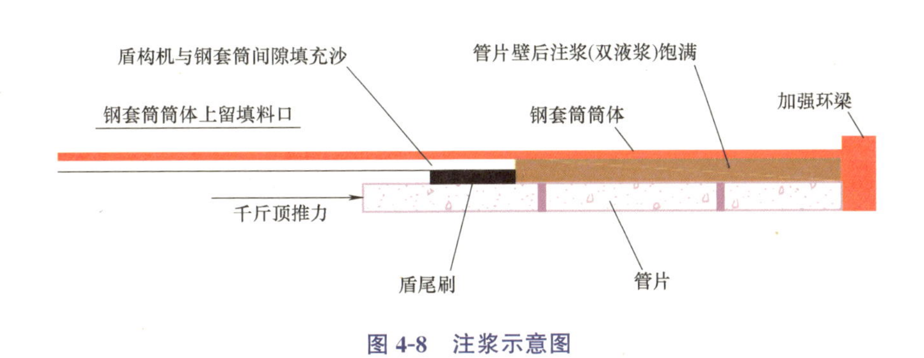

图 4-8　注浆示意图

3）钢套筒和洞门连接进行探伤检测合格。

（8）钢套筒盾构始发

1）钢套筒始发时，盾构切口高于轴线 1～2cm，呈微抬头姿态，防止栽头。

2）始发过程中安排专人负责钢套筒百分表、压力表的监测，发现异常及时停机处理。

3）严格控制盾构刀盘扭矩，防止钢套筒扭转。

4）切削围护结构时，推进速度控制在 5～10mm/min，通过洞门后可逐步提升掘进速度。

5）钢套筒盾构始发严格执行“六专”制度：编制安全专项施工方案、专项应急预案，组织专家评审论证，组织始发前条件验收，全程落实监测方案并安排专人值班。

6）严格落实施工安全生产条件“挂牌准入”制度，施工作业安全条件满足要求后，方可进行始发。

4.3 盾构掘进

土压平衡盾构法施工，是利用土仓内土压或加注辅助材料产生的压力来平衡开挖面土压及地下水压力，以保证开挖面土体的稳定的一种掘进模式。泥水加压盾构法施工，是在盾构开挖面的密封隔仓内注入泥水，通过泥水加压和外部压力平衡，以保证开挖面土体的稳定的一种掘进模式。

1. 掘进参数控制

（1）盾构施工前，根据勘察设计文件、地质补勘资料以及类似地层施工经验初步设定盾构掘进参数。

土压平衡盾构掘进控制参考值详见表4-3，包含土仓压力、推力、扭矩、刀盘转速、掘进速度、出土量、注浆压力及注浆量、土体改良参数等。

土压平衡盾构掘进控制参考值　　表4-3

序号	名称	单位	参考值
1	总推力	kN	7500～10000
2	刀盘扭矩	kN·m	2000～2600
3	刀盘转速	r/min	1.2～1.5
4	洞门封堵前掘进速度	mm/min	10
5	洞门封堵后推进速度	mm/min	20～40
6	土仓压力	MPa	0.05～0.10
7	螺旋机转速	r/min	3～10
8	每环同步注浆量	m^3	4.5
9	同步注浆压力	MPa	0.17～0.25
10	出渣量	m^3	55～57

泥水平衡盾构掘进控制参考值详见表4-4，包含土仓压力、推力、扭矩、刀盘转速、掘进速度、进（排）泥量、注浆压力及注浆量等。

（2）按设计及规范要求设置首100环试掘进段，对试掘进过程的各项掘进参数及监测数据进行分析，根据分析结果优化掘进参数，指导施工。

（3）盾构掘进过程中，根据实际施工具体情况对掘进参数进行调整和优化，并如实填写盾构掘进施工记录表。

（4）掘进参数异常、地表沉降超限，应立即分析原因，及时制定有效纠正措施，确保施工安全。

泥水平衡盾构掘进参考值 表4-4

序号	名称	单位	参考值
1	开挖仓压力	MPa	0.16～0.18
2	刀盘转速	r/min	0.8～1.0
3	总推力	kN	7000～8000
4	推进速度	mm/min	20～40
5	注浆压力	MPa	0.22～0.25
6	注浆量	m^3	5～6
7	进泥量	m^3/h	650～700
8	排泥量	m^3/h	700～850

2. 盾构姿态控制

（1）盾构掘进过程中，采用自动导向系统和人工测量辅助进行盾构姿态监测。盾构机测量系统出现故障报警，应及时停机，不可盲推，故障排除后再行掘进。

（2）根据分段轴线拟合控制计划、盾构姿态，结合隧道地层情况，通过分区操作盾构机的推进油缸来控制掘进方向，使其始终保持在允许的偏差范围内。

（3）盾构掘进过程中应尽量避免不必要的纠偏作业。当出现偏差时，应本着“勤纠、少纠、适度”的原则，根据实际情况采取对应纠偏措施，尽可能避免管片错台、破损、开裂等问题。

3. 管片存放与拼装

（1）管片存放

1）管片堆放场地应坚实、平整，管片堆放场地地基应满足管片堆放荷载的承载力要求，防止发生差异沉降或沉陷，而导致堆放的管片倾覆或地面塌陷。

2）管片堆放场地应设置防雨棚和排水沟等措施，排水量应满足当地最大降雨量。

3）管片堆放场地应设置安全通道，通道内不得堆放杂物，保持通道畅通。

4）管片应堆放在柔性基座上，堆码高度、柔性基座和柔性垫块应符合专项施工方案要求。堆码层数不宜大于3层，管片间的柔性垫块位置应符合设计要求。

5）管片存放区应设置隔离防护，并与龙门吊底横梁保持不小于1m的安全距离，管片堆放纵横间距不小于500mm。

（2）管片拼装

1）管片应由专门的拼装、作业人员拼装，严格执行三定制度（定机、定人、定岗位）和操作规程，其他人员禁止操作。

2）拼装作业过程监理单位、施工单位应全程监控，拼装机旋转范围内严禁有人或障碍物，确保拼装安全。

3）管片吊运前，应检查管片拼装孔是否有破损或失效，若有则应更换。

4）管片吊运、拼装过程中应与拼装机连接牢固，且应有防滑落装置。

5）管片吊运时，操作应平稳，不得有过急过猛动作。管片在运至拼装区过程中，管片运输区内严禁站人。

6）应定期对管片翻转、吊运、拼装设备进行检查、保养，且保养记录齐全，严禁带病作业。

4. 同步注浆与二次注浆

（1）同步注浆

1）根据工程地质条件、设计文件、工程环境等进行同步浆液配比试验，确定施工配合比，根据施工情况动态优化配合比。

2）同步注浆量应与掘进速度匹配，采用注浆压力与注浆量“双控”标准。

3）注浆量应根据盾构机型计算每环理论填充量，根据地质条件和地面沉降数据选取填充系数。一般情况下充填系数取值130%～180%，在裂隙比较发育或地下水量大的岩层地段，充填系数取值150%～250%。

4）注浆压力应大于该点的静水压力及土压力之和，一般为0.3～0.5MPa，并应结合地面沉降监测情况优化。

5）施工过程中应及时绘制注浆压力—注浆量—时间曲线图，根据洞内管片衬砌变形及周围建筑物变形监测结果，及时反馈信息，修正注浆参数。

6）隧道贯通后，对管片背后密实度进行检测，检验同步注浆效果。

（2）二次注浆

1）根据地质情况、沉降监测、周边环境及隧道变形情况，选择水泥、水玻璃等材料进行二次注浆。

2）注浆量、注浆压力通过现场试验确定，注浆压力不宜大于0.5MPa，宜采用少量多次原则，加强监测指导施工。

3）注浆开孔前，应先安装好安全球阀，再进行开孔施工，防止开孔过程中出现漏水、漏沙等风险，注浆完成后应及时关闭安全球阀。不宜在封顶块注浆孔上注浆。

4）注浆孔应设置单向阀，双液浆经注浆泵在离管片注浆孔前的混合器混合后再注入，注浆完后及时清洗注浆设备。

5）注浆过程中盾尾出现漏浆现象时，应及时停止注浆。

5. 施工运输系统

（1）垂直运输

1）起重作业前，操作人员应对吊索、吊具进行认真检查，确认合格后方可进行操作。

2）起重作业时，吊物下方严禁有人停留、工作和通过。

3）严格遵守起重吊装“十不吊”规定。

（2）水平有轨运输

1）机车应有完整的安全、警示、制动装置，司机在行驶前应检查连接器、制动器及部件的完好性，不得“带病”行驶。

2）轨道应平顺，钢轨与轨枕间应固定牢靠，轨枕和轨距拉杆应符合方案要求，轨道附近严禁堆放杂物。轨道端头应设置牢固可靠的车挡，防止车辆冲出轨道。

3）设置人行通道，进出隧道人员应走人行通道。机车行驶重点区域采取牢固、可靠的隔离措施，严禁非作业人员进入。

4）行驶前应全面检查，各类物件应放置稳妥，捆绑安全，运输不得超载、超宽和超长，机车严禁载人。

5）机车在启动和行驶中，应启动警铃、电喇叭等警示装置，同时应注意机车行驶中的动态。机车指挥人员，应明确指挥联络信号。

6）机车行驶速度不得大于10km/h；经过转弯处或接近岔道时，应限速5km/h；在靠近工作面100m距离内应限速3km/h，并鸣笛警示；车尾接近盾构机台车时，限速3km/h并减速慢行，上坡段应限速6km/h，并在限速地段张贴醒目的限速标志。

7）机车停驶时，应拉紧手刹，并在行驶轨道上设置防溜车装置。平板车前后连接应安全可靠，应设有保险链。

8）应安排专人进行日常检修和保养，并如实填写维修保养记录。

（3）管道输送及出渣

1）泥水盾构应根据盾构外径、开挖面的地层条件、盾构制造厂提供的参考数据确定排泥管道直径。按需设置泵和阀门，依据管道上设置的压力计、流量计、密度计等实测值计算排泥量。

2）输送过程中稳定控制和调节开挖面的泥浆压力，保证管道内畅通。

3）定期检查管道接头质量，发现破损应及时更换。

4）应设专人检查管道铺设支架的固定螺栓是否松动、支架是否变形等异常情况，发现问题应及时维修。

6. 作业环境

（1）安全防护措施

1）隧道内应设置警示标志和消防器材，洞内灭火器采用专用挂具，悬挂于防护护栏上。

2）隧道内应设计应急照明及通信联络装置，在断电及发生危险时，可提供人员应急照明及通信联络，保障作业人员能够迅速安全撤离。

3）洞内循环水管、排水管等管线敷设应根据盾构设计及相关规范确定。无要求时，宜敷设于通道对侧，水管支架间距宜为3m，管路标明流动方向，管路与轨道距离不小于500mm。

4）作业面应设置足够照明，保证作业面照明要求。洞内照明可采用节能灯带或灯管，节能灯管间距不宜超过6m。

5）压力软管耐压强度应满足设计要求，布置于作业区及人行道范围的压力软管应采取防脱、限位措施。

6）人行通道应保持畅通，且应设置防护措施。洞内人行通道设置护栏，高度不小于1.2m，临边与电瓶车安全距离应规范要求。监理单位应对防护设施进行验收。

（2）洞内通风

1）隧道掘进应采用机械通风，保证隧道内新鲜风量、氧气含量满足相关规范要求。

2）隧道需要的风量，应按照工作的最多人数、稀释内燃机、隧道内焊接废气和瓦斯绝对涌出量分别计算，并按允许风速进行检验。

3）风管应有出厂合格证，使用前进行外观检查，保证无损坏，粘接缝牢固平顺，接头完好严密。

4）隧道通风系统应经过验收合格后方可投入正常运行，运行期间应加强巡视及维护工作。

5）应保证隧道通风24h不间断，风量、风压应满足规范要求。

（3）有害气体检测

1）对施工底层含有害气体的地段，应编制专项有害气体底层施工方案，并严格按照方案实施，对相关施工段进行管控。

2）隧道内应设置有害气体检测装置，并制定定期气体检测制度。

3）应检测作业范围的瓦斯浓度，对管片区拱顶、盾构角落上部、台车顶等风流不易到达的地方加大检测频率。

4）遇到特殊地层如瓦斯或其他有毒有害气体超限时，应按应急预案采取有效处理措施。

5）发生瓦斯事故后，应立即启动应急预案。并尽快探明事故性质、原因、范围、人员和事故地点所在的位置，以及洞内瓦斯及通风情况，疏散作业人员。

7. 监控量测

（1）监控系统

1）地面设置盾构监控室，安排专人值班值守。监控室内设置施工场地全覆盖监控画面，与隧道盾构机进行光缆链接，实时观察盾构机掘进状态。

2）盾构隧道监测可采用盾构施工风险实时监控系统，及时进行风险分析、预测、预警、报警，协助工程各级管理部门及参建各方及时掌控盾构施工的安全状况，并对报警事件进行处理，有效规避或降低施工安全风险。

（2）盾构监测

1）设计单位应针对工程特点提出盾构隧道监测项目和监测点布设要求，满足规范要求。施工图中应明确监测项目的控制值、监测预警等级和预警标准。

2）施工单位应编制盾构隧道专项监测方案，并组织专家进行专项方案评审。

3）严格按照盾构隧道专项监测方案开展监测点布设、初始值采集、监测及数据处理、上报等工作。对穿越重要建（构）筑物、管线、水体、既有轨道线路（含铁路）等周边环境风险等级较高的工程，应提高监测频率，宜对关键监测项目进行实时监测。

（3）监测预警

1）根据监测方案的预警等级、预警控制指标，进行预警响应，监测数据达到预警或报警值时按规定程序有效处理。

2）对于紧急情况下的监测成果应立即以口头或者书面的形式上报，并会同相关部门一起进行分析和处理，制定应急预案。

3）预警消除后，及时进行预警处置总结并按程序进行消警。

8. 盾构掘进“挂牌准入”

针对盾构掘进、平移、水平及垂直运输，应执行“挂牌准入”，作业环境、作业人员、拟投入的设备、设施等安全条件经各方共同签字确认后，作业人员方可进入该区域作业。

4.4 盾构开仓换刀

1. 降水要求

根据设计要求及专项方案设置足够数量的降水井和水泵数量，并对地下水位进行实时监测，确保水位满足开仓需要。如降水效果达不到设计要求，需要采取补救措施，增加降水井数量或提高降水水泵功率，确保降水效果。

2. 土体加固

为了确保盾构开仓施工的安全和更好地保护附近的地下管线和建（构）筑物，盾构开仓前需对开仓区域土体进行加固。在确保加固效果满足设计要求前提下，才能进行盾构开仓，否则应及时采取补救措施。

3. 气体检测

工作人员进仓作业前，必须利用气体检测仪器（如图 4-9 所示）对施工环境的空气质量进行检测，如果空气质量不达标，应暂缓进入工作面，继续通风换气，直至环境空气质量达安全要求。

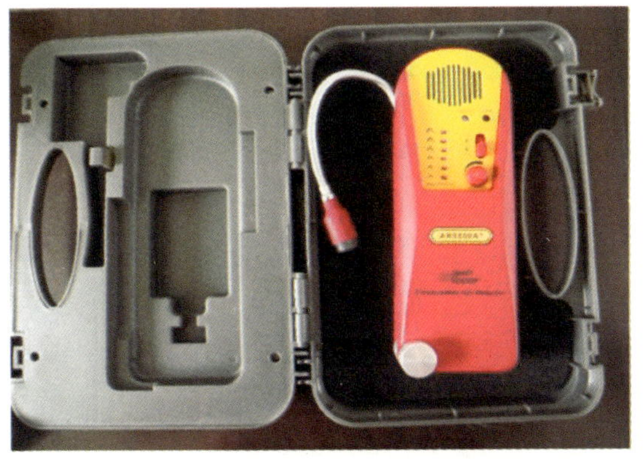

图 4-9 有毒有害气体检测仪

检测标准参照：氧气含量应在18%以上，23.5%以下，有害气体CO最高浓度不超过0.0022%（参考《煤矿安全规程》第一百条）。土仓内甲烷浓度不超过1%（参考《煤矿安全规程》第一百三十六条）。H_2S不大于6.6mg/L。其他有害有毒气体、可燃气体、粉尘容许浓度必须符合国家标准的安全要求，满足人的生理正常需要。

4. 加强人员培训，加快开仓更换刀具程序

组织换刀工作小组的成员进行相应的岗前培训，对正常换刀过程中各自的工作内容进行详细的交代。尤其是进仓作业的人员，必须经过专门的培训，并做好相应的《安全技术交底》。

5. 开仓前安全条件验收

（1）条件验收

盾构施工属于危险性较大的分部分项工作范畴，盾构开仓应严格执行管控要点风险管控程序，由监理单位组织参建各方在开仓前施工进行条件验收，验收要点详见表4-5。

盾构开仓前条件验收要点 **表4-5**

序号	验收条件	内容	验收要点
1	主控条件	施工方案及监理细则	盾构开仓安全专项施工方案(包括应急预案)已通过专家论证,论证意见已落实或整改;方案已通过建设单位审批;监理细则已审批
2		降水	已按要求采取降水措施,降水井数量、管径、材质、深度等符合设计要求,降水水位等符合设计要求,运行正常,各用降水措施已落实,满足要求
3		加固或隔离支护措施	地面、洞内土体加固或隔离支护措施已完成,各项指标符合设计要求,土体加固效果检测报告已出具,结论符合要求,通过验收
4		盾尾止水及泥水平衡泥浆制	盾尾密封、盾尾注浆及二次注浆措施已加强,满足止水要求;泥水平衡盾构泥浆制备满足开仓换刀挖掘仓掌子面稳定、挖掘仓气密性要求
5		测量及标示	测量数据已复核;盾构机所处位置定位测量完毕,测量参数满足施工要求,开仓区域地面警示标识及隔离带设置合理
6		监测	开仓区域监测点设置通过验收,初始值已测取,控制值已确定,施工参数及监测参数满足施工要求
7		有限空间作业推备	有限空间作业施工准备完成,带压进仓作业设备、供气动力装置、有害气体检测设备。常压开仓通风设备已验收合格
8		相关作业、管理人员	作业人员体检合格报告已出具,安全教育、安全交底和技术培训完成;带班作业管理人员值班制度已落实,管理人员职责已明确
9		环境风险	建构筑物及管线核查,地上、地下管线标识,针对性保护措施落实到位
10		应急准备	应急设备及材料配备齐全,配备救援药品及救援人员
11	一般条件	材料及构配件	质量证明文件齐全,复试合格,已通过验收
12		设备机具	各种仪器仪表工作正常,施工工具及更换刀具准备到位,盾构刀盘已锁定,开仓作业部位已安装视频监控并可在地面进行实时监控
13		分包管理	分包单位资质、许可证等资料齐全,安全生产协议已签署,人员资格满足要求
14		风水电	施工风、水、电满足施工需求

（2）进仓检查

1）一次进仓人员不允许超过 3 人，进仓人员严格按要求进仓。

2）经检查合格后，由 1 名土木工程师进入土仓观察掌子面的地质情况，确认无异常后，再由 1 名机械技术人员进入仓内对刀具进行检查，做好记录。根据检查情况，由机电总工程师进行审核确认，制定刀具处理方案。

3）如掌子面稳定不满足人员进入作业要求，需关仓门，采取加固补救措施。

6. 换刀作业

（1）刀具运输及储存

1）向洞内运输刀具前，负责人员将运输刀具的数量、种类，书面通知调度和修刀人员。

2）材料倒运人员应根据换刀负责人/值班工程师要求进行，做好进出仓物料记录，避免物品遗漏在仓内。

3）转运的刀具（新刀或旧刀）均应放在固定支架上，不能重叠、不能碰撞，存放应牢固可靠。

（2）带压

1）盾构气压作业前应对作业人员、控制室内气压或闸门管理员进行专门的培训、教育、安全技术交底。

2）各专业工种应熟悉各自岗位操作流程和操作要点，加强沟通，并设专人统一指挥。

3）进仓作业前调试好对讲机及洞内与地面电话通信网络，确保进仓作业人员与洞内、洞外的联系，盾构机内自报警系统应运行良好。

4）进仓作业前先观察掌子面的稳定情况，确保掌子面稳定后，再进行作业。掌子面有水，掌子面稳定，有持续水流不影响开仓安全时可以选择排水控制液位，再进行进仓作业。如掌子面失稳、水量增大，不能开仓，制定方案确保安全后，再进行进仓作业。

5）气压作业用电应使用安全电压，照明灯具应采取防爆措施。照明设施的电压应采用不高于 24V 的照明灯具，应在开挖仓外设置开关，盾构气压环境内严禁存放易燃易爆物品。

6）盾构气压作业应采取两种不同动力空压机保证不间断供气。确认人闸内压力达到工作压力后，进仓人员应再次确认人闸与开挖仓连接门的安全性，才能进入开挖仓。施工中人闸与开挖仓的连接门应保持开启。

7）作业人员气压作业时间或加、减压时间应符合带压进仓作业规范规定。具体规定详见表 4-6 所示。在加压过程中，进仓人员若发现身体不适，应立即通知操仓员停止加压，若身体仍然不适，则应减压出仓。

进仓工作时间表 **表 4-6**

仓内压力(MPa)	工作时间		
	仓内工作时间(h)	加压时间(min)	减压时间(min)
0.01～0.13	5	6	14
0.13～0.17	4.5	7	24
0.17～0.255	3	9	51

8）进入人闸作业过程中，确保现场形成安全通道；作业过程中施工人员加强自防、互防和协防，避免摔跌或砸伤。

9）作业前后应清点作业人员、工具和材料，防止作业人员、作业工具和剩余材料遗留在作业现场，开仓作业全过程应做好相关记录。

（3）常压

1）严格按照换刀方案顺序对刀具进行更换，并对掌子面稳定情况进行关注，如有异常，需及时撤离。

2）开仓前检测刀仓内气体，合格后方可进仓作业，并对开挖仓内持续通风。

3）其他要求，同带压作业。

7. 做好地面监测及巡查

开仓期间，要按照监测要求，加强地面的地表点的监测和巡视，并及时反馈信息。保证地面与地下通信畅通，并安排专人在土仓外观察，确保地下和地上的安全。

4.5 盾构下穿建构筑物

1. 盾构下穿前管控要点

（1）建（构）筑物调查

1）成立专门区间建筑物调查小组，对沿线主要建（构）筑物进行了详细调查，确定建（构）筑物的建造时间、基础形式及埋深、结构使用状态、房屋裂缝情况、房屋居民信息。

2）对建筑物损坏情况进行拍照记录（如裂缝、倾斜情况等）。对施工影响范围内的建（构）筑物需委托专业资质的鉴定机构进行鉴定。

3）根据地质勘察情况，对建（构）筑物周边地质进行调查，明确地形情况、基础土层结构、各土层土体性质、地下水情况等。

（2）建（构）筑物保护

1）根据勘察设计文件、建（构）筑物调查报告，优化建（构）筑物保护方案，明确加固保护措施、盾构掘进参数。方案实施前，应征得产权单位同意。

2）按照设计文件要求，对建筑物进行监测点布设，必要时进行加密。

3）盾构下穿建筑物前需对施工班组进行相关技术交底，交底内容必须包含各项详细数据，覆土深度、开挖仓土压控制范围、同步注浆量、补注浆位置、刀盘进入（离开）建筑物里程。

4）对建（构）筑物采取加固措施时，应做好管线探查及保护，采取措施减少对周边环境影响。

（3）设备及材料准备

1）下穿建（构）筑物前，对盾构机设备及后配套系统进行维修、保养，保证盾构机下穿期间的设备正常，确保下穿过程不因设备原因停机。

2）下穿建（构）筑物前，分析在该地层掘进数据，优化各项参数，有效控制地表沉降、建（构）筑沉降。

3）盾构下穿前，除配足盾构施工所需管片、防水材料、浆液拌合原材料（包括水泥、沙子、粉煤灰、膨润土）外，在下穿建筑物附近还需储备足够的抢险应急物资。

（4）管控制度落实

1）盾构下穿重大风险源执行“六专”管理：编制安全专项施工方案、专项应急预案，组织专家评审论证，组织始发前条件验收，全过程落实施工监测方案、专人值班。

2）盾构始发落实“挂牌准入”，由施工、监理单位相关管理人员现场共同确认作业环境、作业人员、拟投入的设备、设施等安全条件，并经各方共同签字确认后，作业人员方可进入该区域作业，以确保安全生产。

（5）盾构下穿重大风险源施工前条件验收

盾构下穿重大风险源（江河、高架、已建居民小区、地下商场、既有铁路或地铁隧道等重要建构筑物）应严格执行管控要点风险管控程序，下穿前由监理单位组织参建各方进行下穿前条件验收，验收要点见表 4-7。

盾构下穿重大风险源施工前条件验收要点　　**表 4-7**

序号	验收条件	内容	验收要点
1	主控条件	设计文件	设计文件满足现场施工要求
2		审批手续	对一级风险评估，分析，专家论证完毕，产权单位及相关部门审批手续齐全
3		施工方案及监理细则	安全专项施工方案（包括应急预案及专项防护方案）已通过专家论证，论证意见已落实或整改；方案已通过建设单位审批；监理细则已审批
4		专项防护	风险源自身专项防护措施已落实
5		加固措施	隔离支护、托换、扣轨、压固、导管注浆等加固措施已按设计文件要求完成
6		视频监控	视频监控系统可正常使用
7		盾构设备检修	盾构机及配套系统正常维护保养，状态良好
8		环境风险	风险源自身专项防护施已完成；建构筑物及管线已核查，江河湖泊河床已调查，针对性保护措施落实到位
9		监控量测	专项监测方案审批完成；监测点设置通过验收，初始值已测取，控制值已确定；施工参数、测量参数以及监测参数满足施工要求
10		应急准备	应急物资到位，通信畅通，应急照明、消防器材符合要求；需要搬迁的，各项临时搬迁准备工作完成
11	一般条件	材料及构配件	质量证明文件齐全，复试合格，已通过验收
12		设备机具	特种设备安全技术档案齐全，进场记录齐全有效，安装稳固，防护到位，已通过验收
13		分包管理	分包单位资质、许可证等资料齐全，安全生产协议已签署，人员资格满足要求

续表

序号	验收条件	内容	验收要点
14	一般条件	作业人员	拟上岗人员安全培训资料齐全，考核合格；特种作业人员类别和数量满足作业要求，操作证齐全。施工和安全技术交底已完成
15		风水电	施工风、水、电满足施工需求

2. 盾构下穿期间管控要点

（1）合理调整掘进参数

按照交底要求严格控制掘进参数。当沉降异常时，根据地面监测情况，合理调整掘进参数。

（2）加强施工监测和测量

下穿期间，严格按照专项监测方案落实。当有异常情况，必须加密监测频率，且24h有专人负责巡视并及时反馈监测情况。同时需要加强对隧道内测量，保证下穿期间盾构姿态的准确，避免因测量问题导致停机处理。

（3）保压平稳推进

下穿期间，必须保证土仓压力与掌子面压力的平衡，严禁超挖。控制掘进速度，避免蛇形纠偏，减少对土体扰动，建议速度控制在20～30mm/min之间，盾构姿态做到“勤纠缓纠”。

（4）补浆及时充分

同步注浆直接影响地面沉降控制效果，下穿期间应根据理论注浆量和注浆压力综合确定每环管片的同步注浆量，注浆填充率控制在125%～150%。穿越期间适当加大盾尾油脂的注入量，确保盾尾密封效果。

3. 盾构下穿建筑物后管控要点

（1）立即对盾构机所有资料进行汇总，对开挖量、注浆量、空隙量进行计算，如发现欠浆现象则立即进行二次壁后补浆、必要时地面注浆加固。

（2）对下穿过后的建筑物进行后续监测，发现沉降点沉降值过大立即对隧道内或地面相对应位置进行注浆。

（3）注浆施工的各项参数（注浆量、注浆压力、注浆的点位、配合比、持续时间等参数）将根据地面沉降监测情况及时进行调整并严格执行。随时监测地面标高，确保地面不隆起。

4.6 盾构接收

1. 盾构常规接收

盾构接收阶段是盾构施工的最后一个关键环节，盾构能否顺利接收关系到整个隧道掘进施工的成败。在盾构到达前需做好充分的盾构接收准备，确保盾构机以良好的姿态出洞，就位在盾构接收基座上。

（1）盾构接收端头土体加固

接收端头土体加固与始发端头加固标准一致，必须满足设计要求，对盾构进洞土体加固效果的检验可参照盾构始发土体加固。

（2）盾构接收基座设置

盾构接收基座用于接收贯通后的盾构机，接收基座（图 4-10）的安放位置需根据洞门位置、接收端底板标高及隧道设计轴线综合确定。基座安放完成后，需对基座进行加固，确保在盾构接收过程中发生位移或扭转。

图 4-10　接收基座

（3）出洞前盾构姿态控制

为确保盾构机精准贯通并顺利接收，在盾构贯通前 100 环需对已完成的隧道内控制点进行联系测量，确保测量基准点的精度。在出洞前 30 环需调整盾构出洞姿态，出洞姿态需根据接收基座安放位置、洞门位置及设计轴线综合确定，并严格按照确定后的姿态推进，严禁随意调整，测量人员需加密对盾构姿态的复测。

（4）盾构接收前安全条件验收

盾构接收应严格执行管控要点风险管控程序，由监理单位组织参建各方进行接收前条件验收，验收要点详见表 4-8。

盾构接收前条件验收要点　　表 4-8

序号	验收条件	内容	验收要点
1	主控条件	设计、勘察交底	施工现场已完成设计、勘察交底
2		工作井及各项技术参数	工作井已按设计要求完成，其标高、轴线、结构强度等各项技术参数符合设计和规范要求（端头井结构尺寸和洞门中心已复核且符合设计要求）并通过验收
3		施工方案及监理细则	盾构到达方案（含端头加固）、安全专项施工方案（包括应急预案）已通过专家论证，论证意见已落实或整改；方案已通过建设单位审批；监理细则已审批
4		测量	井下控制点设置通过验收，测量数据已复核；盾构位置测量验收完毕，测量参数满足施工要求

续表

序号	验收条件	内容	验收要点
5	主控条件	接收架及导轨	结构强度和刚度已通过设计验算并符合要求，导轨稳固，通过验收
6		端头降水及洞门土体加固	已采取自动降水（降压）措施，降水井数量、管径、材质、深度等符合设计要求，出水含沙量、降水水位等符合设计要求，运行正常。洞门探孔已打，未发现渗漏水等异常情况，加固范围及参数指标符合设计要求（附端头加固效果检测报告）
7		洞门密封	洞门密封止水装置安装完成，外观质量及完整性符合设计要求
8		浆液制作	浆液配合比已确定，胶凝时间、强度及稠度等设计指标符合要求
9		监测	监测方案已审批，监测点设置通过验收，初始值已测取，控制值已确定，施工参数及监测参数满足施工要求
10		应急准备	应急物资到位，通信畅通，应急照明、消防器材符合要求
11	一般条件	材料及构配件	质量证明文件齐全，复试合格，已通过验收
12		设备机具	特种设备安全技术档案齐全，进场记录齐全有效，安装稳固，防护到位，已通过验收
13		分包管理	分包单位资质、许可证等资料齐全，安全生产协议已签署，人员资格满足要求
14		作业人员	拟上岗人员安全培训资料齐全，考核合格；特种作业人员类别和数量满足作业要求，操作证齐全，施工和安全技术交底已完成
15		风水电	施工风、水、电满足施工需求

（5）盾构接收

1）盾构接收执行重大风险“六专”管理，编制专项施工方案，编制专项应急预案，组织专项评审论证，施工前组织安全条件专项验收，施工全过程专项监测方案，施工全过程落实专人值班。

2）盾构接收准备工作就绪后，盾构机向前推进，在前端刀盘露出土体直至盾构壳体顺利推上接收基座的过程称为“盾构接收”。重点做好以下工作：

① 观察进洞洞口有无渗漏的状况，发现洞口渗漏及时封堵。

② 安装洞口拉紧装置，并检查其牢固性。

2. 钢套筒接收

（1）钢套筒定位安装固定及回填措施

钢套筒定位、安装、固定及回填措施与钢套筒始发相同。

（2）盾构机破除地连墙控制要点

盾构机破除地连墙时需降低掘进速度，避免大块渣土遗留仓内，造成钢套筒拆除时有风险。

（3）盾构机出洞控制要点

盾尾抵达洞门位置时需加强同步注浆及二次补浆，并检查洞门处封堵效果，密封较好无渗漏水是拆除钢套筒条件之一。

（4）钢套筒盾构接收前安全条件验收

盾构钢套筒接收应严格执行管控要点风险管控程序，由监理单位组织参建各方进行接收前条件验收。验收内容应在盾构常规接收验收内容的基础上，对钢套筒的加固、焊缝探伤、保压试验情况进行核查。

（5）钢套筒拆除要点

1）在钢套筒拆除前，刀盘需靠近前端盖并排空舱内渣土，同时完成洞门封堵。

2）钢套筒内压力采取逐级降压措施，每次等待观测钢套筒上的压力表与盾构机压力表相同后，才进行下一次降压。

3）通过钢套筒连接板位置的观测孔，观察是否有漏水现象。发现漏水则在降压过程中开环流进泥水舱，同时观测钢套筒上的压力表，控制旁通环流，直到气压降到0。压力降至0后，开环流将液位抽低后停止环流。

4）观察舱内液位高度是否上升，以此判断洞门是否漏水；如液位不变，则通过钢套筒上的泄压阀观察，压力是否降低为0，在确认压力降低为0后，分别拆解钢套筒（拆除效果如图4-11所示）和盾构机，并清理渣土，随后吊出转场。

5）钢套筒前端盖拆除时，需采用有效措施进行固定，防止发生摆动。

图4-11 钢套筒拆除

第5章 矿山法施工工序安全管控要点

5.1 竖井开挖

1. 竖井口支撑防护

（1）竖井的围护桩或连续墙施作完成后，进行冠梁及混凝土支撑施工。用风镐破除竖井围护（连续墙）桩顶部分混凝土。采用器械调直钢筋，基面的混凝土碎碴采用风枪清理干净。

（2）围护桩顶混凝土破除后，先调直桩顶锚固钢筋方可进行钢筋安装，锁口冠梁钢筋安装前先利用人工将钻孔灌注桩内预埋钢筋凿出并调直，与腰梁主筋进行焊接。

（3）侧模采用木模板、ϕ57 钢管及拉杆双向双层加固，模板完成后检查侧模轴线位置、内部尺寸，用于固定模板的螺栓、支撑必须牢固。

（4）冠梁支撑施工完后，利用养护时间做好竖井口临边防护、地面排水、监测点布置等竖井开挖准备工作。

（5）采用倒挂井壁法施工的竖井，应按照设计要求，做好竖向连接筋的预留，竖向链接筋应与锁口圈主筋焊接牢固。

锁口钢筋安装如图 5-1 所示，锁口冠梁混凝土成型如图 5-2 所示。

2. 竖井提升设备安装

（1）竖井提升设备

1）竖井提升设备的强度、刚度及稳定性必须经过验算，满足要求后方可使用。

2）竖井提升设备的基础必须经过验算，满足要求后方可施工。

3）提升设备安装完毕后必须经具有专业资质的检测机构验收合格，并出具安全检验

图 5-1　竖井锁口冠梁钢筋安装图

图 5-2　锁口冠梁混凝土浇筑图

合格证书，方可投入使用。

4）提升设备不得超负荷运行，并应有深度指示器和防止过卷、过速等保险装置，以及限速器和松绳信号等。

5）工作吊盘的载重量不得超过吊盘的设计载重能力。

6）提升设备必须保证防脱绳设备和上下行限位装置有效。

7）提升用的钢丝绳和各种悬挂使用的钩、链、环、螺栓等连接装置，应具有规定的安全系数，使用前，应检验合格后方可使用。使用中应定期检查、维修和更换。

8）提、放吊斗，上下要有统一信号，有专人指挥，吊运过程中下部人员要处在安全位置，吊斗上粘有泥块需要铲除时，将吊斗放在地面上清除泥块，严禁将吊斗悬空铲泥。

9）能够行走的竖井提升设备应在轨道两侧设置缓冲器和端部止挡。

10）应按要求设置避雷装置，轨道两端应设接地装置，轨道的接头处应做电气连接。

（2）竖井口平台与提升架、井架安全风险管控

1）竖井（工作坑）附近有电力架空线路时，提升架、井架与电力架空线的距离见表 5-1。

提升架、井架与电力架空线的最小安全距离　　表 5-1

线路电压(kV)	3 以下	3～10	35	66～110	220	330	500
垂直最小距离(m)	2.5	3.0	4.0	5.0	6.0	7.0	9.0
水平最小距离(m)	1	1.5	3.0	4.0	5.0	6.0	8.5

2）平台上的提升孔周围和梯笼孔周围（除出入口外）必须设防护栏杆、防护网，除提升孔进出料端防护栏杆的高度不得小于 1.0m 外，平台临边防护栏杆应符合规范要求。

3）平台和提升架井架应按施工中最大荷载进行施工设计，平台主梁两端宜支承在方木上，主梁与井口地面搭接长度不得小于 1.2m，平台必须满铺板，并覆盖至井壁外 50cm 以上。提升架、井架上应支搭防护棚。

4）平台上提升设备不具备水平运输功能时，提升孔处必须设活动盖板，活动盖板必须设限位和锁定装置。

5）上下竖井要设安全梯等攀登设施且符合规范要求，如图 5-3 所示。

图 5-3　竖井上下梯笼

6）支搭和拆除平台、提升架、井架宜使用起重机。施工前应划定作业区非作业人员禁止入内。

7）平台和提升架、井架支搭完成，必须经检查、负荷能力检验，确认符合施工设计要求并形成文件后，方可投入使用。

3. 竖井土方开挖

（1）开挖前条件验收

竖井开挖属于超过一定规模的危险性较大的分部分项工程范畴，应严格执行管控要点

风险管控程序，组织参建各方进行开挖前条件验收，验收要点见表 5-2。

竖井开挖施工前条件验收要点　　**表 5-2**

序号	验收条件	内容	验收要点
1	主控条件	设计、勘察交底	施工现场已完成设计、勘察交底
2		围护方案评审	竖井开挖围护施工方案通过专家评审，评审意见已予落实或整改
3		施工方案及监理细则	竖井开挖、围护结构缺陷处理方案已审批，已向管理层和作业层进行了交底，监理细则已通过审批和交底
4		围护及支撑体系	围护、冠梁（立柱桩）及相应第一道支撑已完成，满足设计强度要求（有强度报告）
5		地基处理	地基处理（如有）已完成，已有检测报告并达到设计要求
6		降水	降水（降压）已按设计要求完成并现场运行，满足开挖要求
7		挡水、排水	施工现场竖井口周边排水措施已落实。
8		环境风险	调查竖井周围的保护构筑物、管线等现有状况，并且根据实际情况制订好切实可行的保护措施（有周边环境调查报告）
9		监测量测	周围环境及竖井监测控制按批准监测方案已布点，且已测取初始值（有监控量测初始监测报告）
10		围护结构遗留问题	围护结构施工阶段遗留问题已按要求解决或已制定相应的方案
11		潜在风险分析	对本工程潜在的风险进行辨识和分析，有针对性、可操作性的应急预案编制完成并落实抢险设备、物资、人员（应急预案及物质储备）
12	一般条件	技术资料	相应技术资料齐全
13		设备机具	进场记录齐全有效，特种设备安全技术档案齐全，安装稳固，防护到位，挖掘设备数量等符合方案要求，已通过验收
14		门禁系统	门禁系统已经安装到位，并可正常使用
15		分包管理	分包队伍资质、安全生产许可证等资料齐全，安全生产协议已签署，人员资格满足要求
16		作业人员	拟上岗人员安全培训资料齐全，考核合格；特种作业人员类别和数量满足作业要求，操作证齐全。施工和安全技术交底已完成
17		出入口保洁	所有主要材料、土方出入口均已经设置自动冲洗平台，已经制定保洁冲洗管理制度，已安排专职保洁冲洗人员
18		其他	设计及规范规定的其他要求

（2）竖井土方开挖

1）按“六专”要求落实竖井开挖：编制专项施工方案，编制专项应急预案，组织专项评审论证，施工前组织安全条件专项验收，施工全过程专项监测方案，施工全过程落实专人值班。

2）竖井应分部分层开挖，每层开挖应设置集水坑，集水坑低于开挖平面下一定深度。

3）采用倒挂井壁法施工时，开挖完成后，根据测量十字线检查净空，确保开挖尺寸与钢筋格栅架立位置。每循环开挖深度和格栅间距必须符合设计要求。

4）施工如遇松散土质或流沙时应设一定数量外插小导管注浆加固土体。

5）竖井基坑周边设置不低于30cm的挡水坎，如图5-4所示，防止雨水灌入基坑，土壤中有水时，必须先对水采取控制措施，待符合施工设计要求后方可开挖。

6）竖井采用先开挖后支护时，由上至下分层进行，随开挖随支护。支护结构达到规定要求后，方可开挖下一层土方，见图5-5所示。开挖土方保持竖井底呈“凸”状，不能呈“凹”状。

图5-4 竖井口挡水坎防排水

图5-5 竖井机械开挖

4. 竖井支护

采用围护桩或地下连续墙等结构形式的，按照相应的标准施工，下面主要为倒挂井壁法控制要点。

（1）竖井支护施工要求

1）开挖后及时安装钢格栅，按设计施工锚杆（管），喷射混凝土至设计厚度，如图 5-6 所示，经检查初次支护符合设计要求后再进行下一层土方开挖。

图 5-6　挂网、钢拱架安装图

2）检查钢格栅、钢筋网片的制作质量，所用材料应符合设计文件要求；加工成型，其形状尺寸要符合设计文件要求。

3）检查钢格栅安设质量，安设间隔应符合设计图纸要求；拼接接头处应连接牢靠，重点检查节点板连接是否严密，螺栓是否拧紧。

4）竖向拉结筋焊接、挂钢筋网片施工过程中，要重点检查焊接质量、搭接长度、拉结筋的规格、间距等。

5）喷射混凝土厚度、钢筋保护层厚度必须符合设计要求。

（2）竖井喷锚支护

1）喷锚支护施工中应采取防尘、降尘措施。

2）喷射混凝土宜采用潮喷和湿喷工艺，不宜采用干喷工艺。

3）竖井口混凝土圈梁达到施工设计规定强度后，方可开挖竖井土方。

4）喷射混凝土作业，应划定作业区，非作业人员不得进入，各种管道通过道路应加以保护，严禁机械、车辆碾压。喷嘴前方严禁有人。

5）喷射混凝土支护后，必须待混凝土强度达到施工设计规定，方可开挖竖井下层土方。有爆破作业时，喷射混凝土终凝距下次爆破间隔时间不得小于 3h。

6）喷射混凝土作业中，围岩出现异常必须立即停止喷射作业，待采取安全技术措施，确认安全后，方可继续喷射作业。

7）安装骨架前应清理作业面松土和危石，确认土壁稳定；安装骨架应和挖掘紧密结合，从上至下分层进行。每层骨架应及时形成闭合框架；挂网应及时，并与骨架连接牢固。

8）喷锚支护施工时，喷锚支护必须紧跟开挖面，喷混凝土作业如图 5-7 所示。喷射作业中应设专人随时观察围岩变化情况，确保安全；应先喷后锚，喷射混凝土厚度不得小于 5cm；锚杆施工应在喷射混凝土终凝 3h 后进行。

图 5-7 喷锚支护作业

5. 竖井与横通道马头门施工

（1）竖井马头门（图 5-8）即竖井与隧道交汇处，是明、暗挖施工结合部，结构受力复杂，为确保从井壁开口进洞的安全，必须对洞口周围采取加固措施，必要时洞口设置加强环。马头门的施工不经验收不得开挖进洞。

图 5-8 竖井与横通道马头门施工图

（2）马头门施工破除井壁格栅前，先在竖井内架设临时支撑，确保临时支撑布设合理，临时支撑必须与破除后的井壁格栅末端顶实顶紧，临时支架必须经过验算并验收合格。

（3）马头门施工时必须先打入管棚或超前小导管，做好开挖面的超前注浆支护工作，为进洞开挖打好基础。

（4）马头门洞口开挖时，应并立3榀拱架，增加马头门的稳定性。

（5）要确保马头门主筋与周围的竖井井壁钢格栅焊接牢固，并及时喷射混凝土。

（6）马头门初期支护不可一次破除，先局部间隔破除，待进洞后开挖支护一定长度，洞口形成稳定体系后方可全部拆除。

（7）马头门桩头破除时可利用挖掘机破除辅以凿岩机、风镐等小型机械；可以利用凿岩机钻孔后利用膨胀剂进行胀裂破除；还可采取物理切割破除，严禁爆破拆除。

（8）分部开挖的工作面必须按照设计要求进行，并拉开距离，距离的长度满足规范要求。

（9）做好开口处背后注浆工作，保证开口处的整体质量。

5.2　正洞开挖

正洞开挖常用的开挖方式主要有台阶法、CD法、CRD法、双侧壁导坑法等，开挖过程中应坚持以地质为先导，时刻掌握掌子面的地质情况，异常地质要有特殊的超前支护和初期支护措施。严格按照“管超前、严注浆、短开挖、强支护、勤量测、快封闭”的原则组织施工，严格控制每循环进尺，开挖成形后及时进行初期支护，确保工序衔接，尽早施作仰拱封闭成环，以改善受力条件，同时加强对拱顶下沉及拱脚、墙腰的收敛、隆起量测、支护结构等的内力和变形量测，对数据进行系统的分析，发现异常情况立刻采取相应措施。

1. 正洞开挖基本要求

（1）一般规定

1）开挖支护施工作业面用电应符合临时用电的要求，其照明应满足安全作业的需要。

2）开挖支护每项工序施工前均应对作业面进行检查，清除松动的岩石和喷射混凝土块。

3）开挖支护应遵循初喷→架设钢架（钢筋网）、锚杆→复喷的程序施工。在开挖、找顶后，应立即初喷混凝土封闭围岩。

4）开挖支护施工质量必须达到有关标准规定的要求。超前支护应在完成开挖工作面的加固后进行，每循环之间应有足够的搭接长度与初期支护有效连接。

5）施工作业台（支）架应按要求设计、检算与审核；台架应牢固可靠，四周应设置安全栏杆、安全网和上下工作梯，经验收合格后方可使用。

6）应按设计和工艺流程施工，安全员负责各工序的安全检查，每次支护作业均应进行安全检查。

7）地下水位较高时，宜采用防、堵、排相结合的办法进行治理。掌子面水大，应采

用地表降水井降水、洞内超前钻孔排水、超前小导管预注浆、地表注浆、掌子面围岩深孔预注浆等方法消除掌子面的水量。对少量的水收集后用软管或钢管引出到侧沟或集水坑，创造干燥整洁的施工环境。

（2）大管棚施工

1）施工前，测量组应根据设计图纸测量放出开挖外轮廓线和管棚中心位置，并做好相应标志，标出孔号，如图 5-9 所示。

2）根据测量放样大管棚的点位，利用水钻在基坑围护桩上钻导向孔，钻孔方位必须严格控制，倾角控制在 1°～2°。

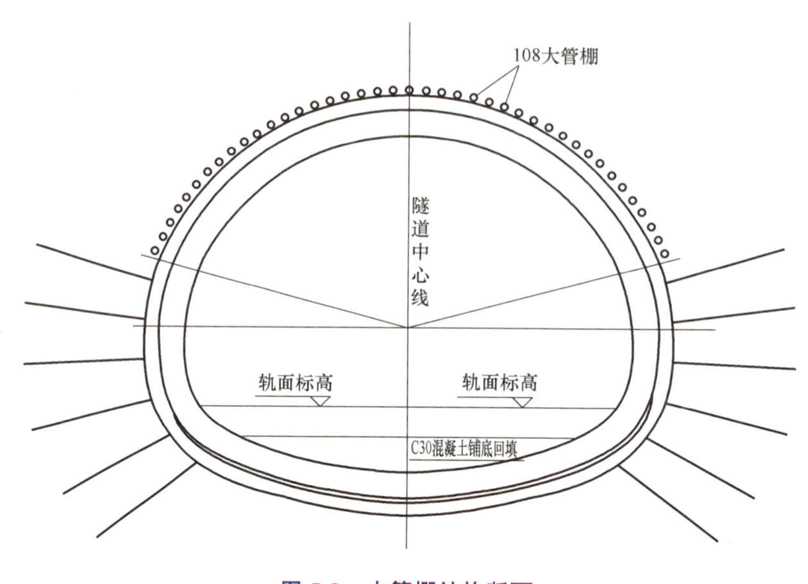

图 5-9　大管棚结构断面

3）大管棚的制作：大管棚采用无缝管的管径、壁厚、长度应符合设计要求。大管棚的加工应与设计及施工方案一致。

4）钻机就位钻孔，根据设计和测量放样调整钻机位置和钻机角度，对好孔位，孔位误差控制在 50mm 以内。钻杆轴线与管棚轴线要有一定仰角，以抵消钻深后钻杆自重增加所产生的下垂。先施钻奇数孔后施钻偶数孔；钻进过程中确保动力器、扶正器、钻头按同心圆钻进；同步填写钻孔记录，对孔口岩屑进行地质判断、描述，作为洞身开挖时的地质预测预报参考资料，指导洞身开挖。

5）管棚安装，大管棚钢管顶进采用管棚钻机送管入孔，接长钢管丝头应拧紧。采用钢板封孔，安装注浆阀门。

6）注浆，每根管棚打设完成后要及时进行注浆，防止岩层变形沉降。

（3）小导管施工

1）小导管的制作：采用直径 42mm 的无缝钢管制作。在小导管的前端做成约尖锥形，管壁上每隔 10～20cm 梅花型钻眼，眼孔直径 6～8mm；尾部长度不小于 50cm 作为不钻孔的止浆段，小导管构造如图 5-10 所示。

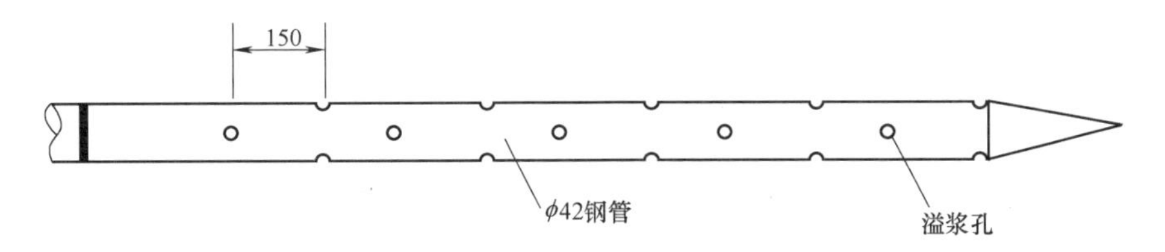

图 5-10 小导管构造

2）钻孔及清孔：按要求在施工作业面上放出钻孔位置，并做好标记。采用凿岩机进行钻孔，孔径较设计导管管径大 20mm 以上。按设计倾角、间距、孔深进行钻孔。钻孔完成后，用高压风从孔底向孔口清理钻渣。

3）小导管安装：已加工的小导管由专用顶头顶进，顶进钻孔长度不小于 90％的管长。小导管外露长度为 10～20cm，以便连接孔口阀门和管路，尾部焊接在钢架上。相邻两排小导管搭接长度应符合设计要求，且不小于 1.0m，如图 5-11 所示，注意保护管口不受损变形，方便与注浆管路连接。

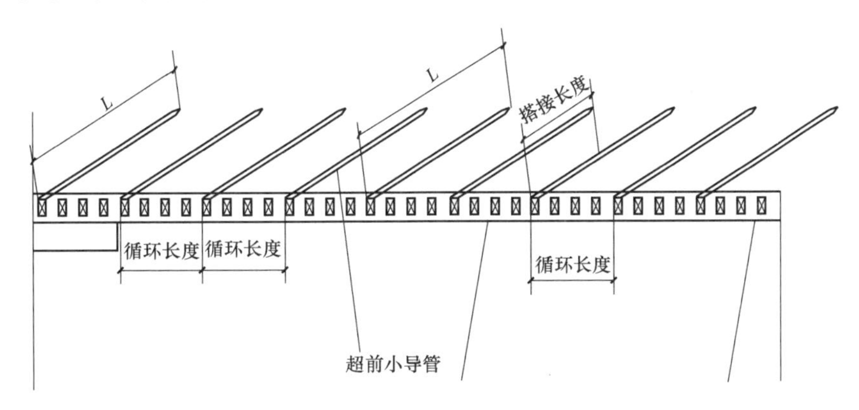

图 5-11 小导管安装示意

4）注浆：注浆顺序为由下至上，浆液先稀后浓、注浆量先大后小，注浆压力由小到大。当发生串浆时，应采用分浆器多孔注浆或堵塞串浆孔隔孔注浆。

（4）钢架施工

1）格栅拱架集中加工，在加工场按图示形状、尺寸设置固定模焊制。格栅拱架钢筋间采用焊接，焊缝厚度不得小于 8mm，成形后将制作好的拱架在加工场内进行试拼，将整个隧道轮廓各节拱架进行整体试拼，以检查连接部位是否吻合，加工误差是否符合规范要求，焊接工艺、抗拉、抽样试验等合格后，编好号方能运到工地使用。

2）每榀拱架安装前，用全站仪准确测量定出拱架安装的中线、标高及拱脚位置。拱架节与节之间采用螺栓连接，并用焊接进行加固。安装时以隧道中线为准，然后左右对称安装，每榀拱架的方向应与中线的法线一致。

3）拱架安装由人工借助机具（装载机、多功能作业台架、电焊机等）架立就位，安装前先对围岩进行初喷封闭，架设时拱脚必须架立在坚固的基座上，并与锁脚锚管相连接牢固。

4）焊接纵向连接筋：用螺纹钢筋按设计间距将各榀拱架焊接成整体。锁脚锚管的施作为施工质量控制的重点，采用 ϕ42 无缝钢管锁脚施工。

（5）喷射混凝土支护施工

1）隧道喷射混凝土施工顺序：①施工准备→②施喷面清理→③砂石、水泥、水计量配料→④搅拌站拌合→⑤装运喷料→⑥启动速凝剂计量泵、主电机和振动电机向喷头处添加液态速凝剂、现场施喷→⑦综合检查→⑧进行下一道工序。

2）喷射混凝土前应设置控制喷射混凝土厚度的标志，施工机具布置在无危石的安全地带，喷射前处理危石，检查开挖断面净空尺寸。喷射作业分段、分片、分层，按由下而上、从里到外的顺序进行，有较大凹洼处，先喷射填平，有拱架的先喷满拱架与岩面的空隙；喷嘴与受喷面尽量保持垂直，距受喷面 1.5～2.0m。喷射料束以垂直受喷面为最佳，喷射料束运动轨迹，环形旋转水平移动并一圈压半圈，环形旋转直径约为 0.3m，喷射第二行时，依顺序由第一行起点上面开始，行间搭接行为 2～3cm。

3）喷射料束旋转速度以 2s 左右转动一圈为宜，一次喷射厚度以不坠落时的临界状态或所需厚度为准。掌握好风压，喷射速度要适当，以利于混凝土的压实。风压过大，喷射速度增大，回弹增加；风压过小，喷射速度过小，压实力小，影响喷混凝土强度。因此在开机后要注意观察风压，起始风压达到 0.5MPa 后，才能开始操作，并据喷嘴出料情况调整风压。一般工作风压：边墙 0.3～0.5MPa，拱部 0.4～0.65MPa。喷射作业结束时，应将机器和管路中的拌合料用完后修机，断风。

4）施工中经常检查出料弯头、输料管和管路接头，处理故障时断电、停风，发现堵管时立即停风关机；在已有混凝土面上进行喷射时，应清除剥离部分，以保证新老混凝土之间具有良好的粘结强度。

（6）矿山法隧道首次开挖施工前条件验收

正洞开挖应严格执行管控要点风险管控程序，由监理单位组织参建各方进行矿山法隧道首次开挖施工前条件验收，验收要点见表 5-3。

矿山法隧道首次开挖施工前条件验收要点　　表 5-3

序号	验收条件	内容	验收要点
1	主控条件	设计、勘察交底	施工现场已完成设计、勘察交底
2		施工方案及监理细则	开挖、初支方案（若采用爆破开挖，已通过爆破专项检查）已通过专家论证，论证意见已予落实或整改；方案已通过建设单位审批；监理细则已审批
3		技术措施	竖井、横通道各项指标满足设计要求（洞口开挖工程，洞口上方刷坡、排水、加固等技术措施满足设计要求）
4		超前支护	开挖区超前支护已按设计要求完成，各项指标已达到设计要求，横通道与隧道正线之间的超前支护也已完成，并达到设计要求
5		地质勘查及超前探测	竖井、横通道开挖地质状况与地质详勘吻合，施工单位已建立了“超前地质预报机制”，首段隧道已完成超前地质预报工作

续表

序号	验收条件	内容	验收要点
6	主控条件	降水情况	已采取自动将水(降压)措施,降水井数量、管径、材质、深度等符合设计要求,出水含沙量、降水水位符合设计要求,运行正常,备用降水措施已落实,满足施工要求
7		格栅加工	格栅加工完成,截面尺寸、焊接质量及箍筋间距等符合要求,试拼合格,通过验收,数量满足要求
8		测量、监测	测量、监测方案已审批;测量控制点设置通过验收,测量数据已复核;监测控制点已按监测方案布置并通过验收,已测取初始值,控制值已确定
9		潜在风险分析	对本工程潜在的风险进行辨识和分析,编制完成针对性、可操作性的应急预案,并落实抢险设备、材料、人员、方案
10	一般条件	技术资料	相应技术资料齐全
11		材料及构配件	质量证明文件齐全,复试合格,已通过验收
12		设备机具	特种设备安全技术档案齐全,进场记录齐全有效,安装稳固,防护到位,已通过验收
13		分包管理	分包单位资质、许可证等资料齐全,安全生产协议已签署,人员资格满足要求
14		作业人员	拟上岗人员安全培训资料齐全,考试合格;特种作业人员类别和数量满足作业要求,操作证齐全。施工和安全技术交底已完成,施工现场已设置施工工法及技术要点图示牌(可视化)
15		风、水、电	风、水、电满足施工要求

(7) 通风

为降低竖井底有害气体浓度及减少因竖井开挖产生的扬尘，在竖井口安装鼓风机送风至竖井施工面，采用便携式气体检测仪定时检查，随时保证竖井施工面空气对流清新。

1）定专人进行现场施工通风管理和实施，风管安装平、直、顺，减小管路沿程阻力和局部阻力，加强日常维修和管理。

2）配专业技术人员对现场通风效果进行检测，根据检测结果及时进行调整。

3）必要时根据检测结果及时对通风系统作局部调整，保证洞内气温不高于28℃、一氧化碳（CO）和二氧化氮（NO_2）浓度在通风30min后分别降至30mg/m^{3}和5mg/m^{3}以下。同时做好挥发性有害气体的检测，根据检测结果及时优化施工通风。

4）洞口风机需要安设在距离洞口30m以外的上风向，避免发生污风循环；风管出风口距开挖工作面的距离不超过40m。

洞口定型刚性通风管道见图5-12，洞内柔性通风管道见图5-13。

(8) 施工通道

1）隧道内宜分开设置人行道、机动车道（如图5-14所示）。混行段行人应避让车辆，严禁行人走道心、与车辆抢道、扒车、追车和强行搭车。

2）进入隧道内的车辆应与道路、轨道、装卸设备相匹配，严禁运输物资的车辆乘人。

图 5-12 洞口定型刚性通风管道

图 5-13 洞内柔性通风管道

3）施工通道应设专人维护，保持通畅，平坦、整洁；通道上的遗撒物应及时清理，道旁堆料应码放整齐，不得影响行车和行人安全。

4）洞内机动车辆运输应使用前，应经检查、试运行，确认合格。严禁带病车辆运行；同向行驶的车辆之间距离不得小于 20m；能见度较差时，应亮雾灯，减速行驶；隧道内严禁超车；车辆启动前应观察环境，确认安全，并鸣笛示警。

5）进出隧道口应鸣笛示警，但不得使用高音喇叭；会车时，车辆应减速行驶，空车应让重车；在隧道内倒车、转向，必须亮灯、鸣笛示警，或设专人指挥；隧道内车辆相遇和发现有行人时，应关闭大光灯，改用小光灯或近光灯。

图 5-14 隧道内人行通道

6）隧道口、平交道口和施工狭窄地段，宜设专人指挥，并应设缓行标志。

7）凡靠近运行限界的施工机械设备，均应在其外缘设置边界警示灯。

8）行驶速度不应超过 20km/h，作业地段不应超过 10km/h，会车不应超过 5km/h。

9）仰拱施工时设置移动栈桥（如图 5-15 所示），栈桥刚度应满足行车荷载要求，两侧设置防护栏杆。

图 5-15 仰拱移动栈桥

10）二衬施工时，模板台车、作业台架下方通道尺寸应满足行车要求，设置警示灯带（如图 5-16 所示）。

图 5-16　二衬施工通道

2. 台阶法

（1）台阶法开挖步序规定

先开挖上台阶断面，待开挖至 3～5m 后开挖中台阶，中台阶开挖 3～5m 后开挖下台阶，最后形成三台阶断面同时并进的施工方法。

第一部：开挖上台阶，上台阶开挖Ⅰ部后及时架设格栅拱架进行上台阶喷、网系统支护，并复喷混凝土至设计厚度，形成较稳定的承载拱。

第二部：开挖中台阶，在上台阶Ⅰ部掘进 3～5m 后开挖中台阶Ⅱ-1 部，并进行左中台阶喷、网系统支护，然后开挖中台阶Ⅱ-2 部，Ⅱ-1 部与Ⅱ-2 部纵向错开一循环进尺施工，避免在同一里程面导致上台阶拱架同时悬空。

第三部：开挖下台阶，下台阶与中台阶步距控制在 5m 内，先开挖下台阶Ⅲ-1 部，及时立拱喷锚支护，然后施工Ⅲ-2 部，使开挖支护全断面封闭成环。

三台阶法开挖施工步序如图 5-17 所示。

(a)

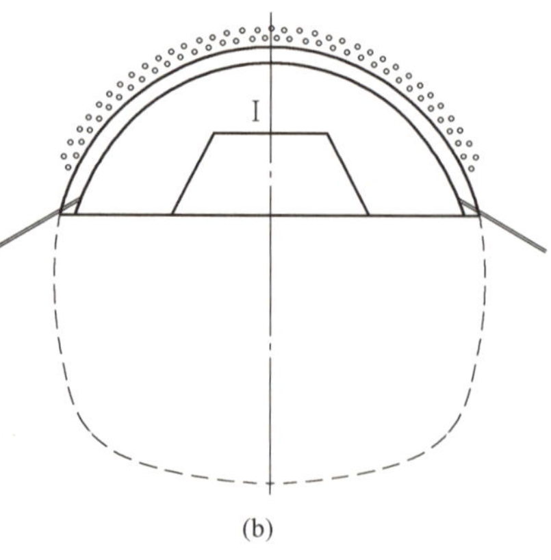

(b)

图 5-17　三台阶法开挖施工步序（一）

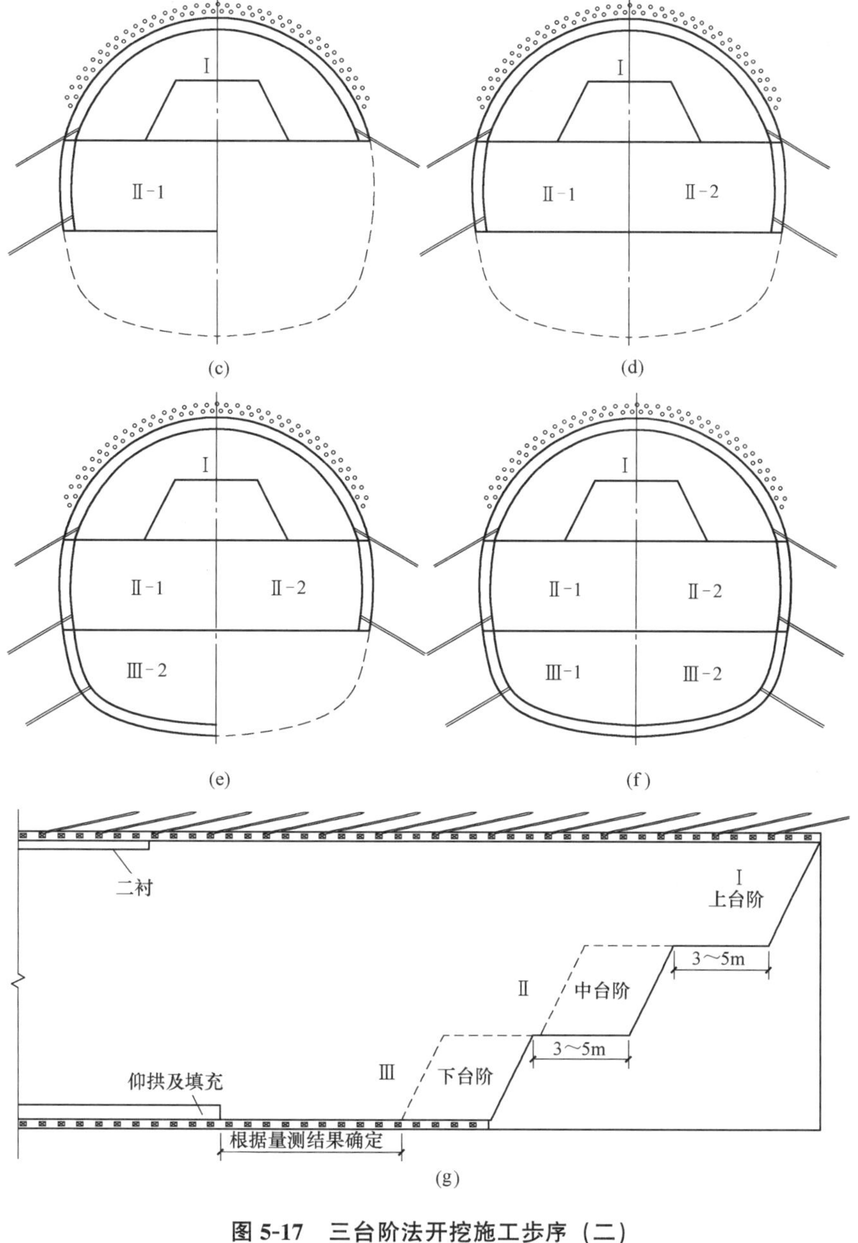

图 5-17　三台阶法开挖施工步序（二）

（2）台阶法过程管控要点

1）采用台阶法开挖隧道时，应根据围岩条件，合理确定台阶长度和高度。围岩稳定性较差时，台阶长度应控制在一倍洞径以内。当围岩地质较差、开挖工作面不稳定时，应采用短进尺或上下台阶错开开挖或预留核心土措施。

2）台阶上部开挖循环进尺应根据围岩地质条件和初期支护钢架间距合理确定，宜控制在 2 榀拱架或 1.0m 内。

3）当围岩地质较差、变形较大时，上部断面开挖后应立即施作锁脚锚管（杆）、扩大拱脚、临时仰拱等措施，控制围岩及初期支护变形量。

4）中台阶一次开挖长度应与上台阶一致，中台阶开挖后，必须及时喷射混凝土进行封闭，并及时安装钢架网喷混凝土，严禁拱脚长时间悬空。

5）仰拱开挖应控制一次开挖长度，开挖后应立即施作初期支护封闭成环，禁止开挖后长时间暴露。

3. CD 法

（1）CD 法开挖步序规定

CD 法分为左右 2 部，每部分 2～3 个微台阶施工，中先打设超前小导管进行超前支护，超前支护完成后先进行左部开挖。每部的台阶高度及长度根据隧道断面尺寸，以适合操作工人开挖立架为度；中隔壁支护随台阶施工及时封闭成环。

右部施工工艺同左部，左右部距离控制在 15m 内。全断面封闭成环监测稳定后，分段拆除中隔壁施工仰拱防水及二次衬砌，进行底板回填层施工，待二衬仰拱达到设计强度后施工隧道拱墙防水层及二次衬砌。

CD 法开挖施工步序如图 5-18 所示。

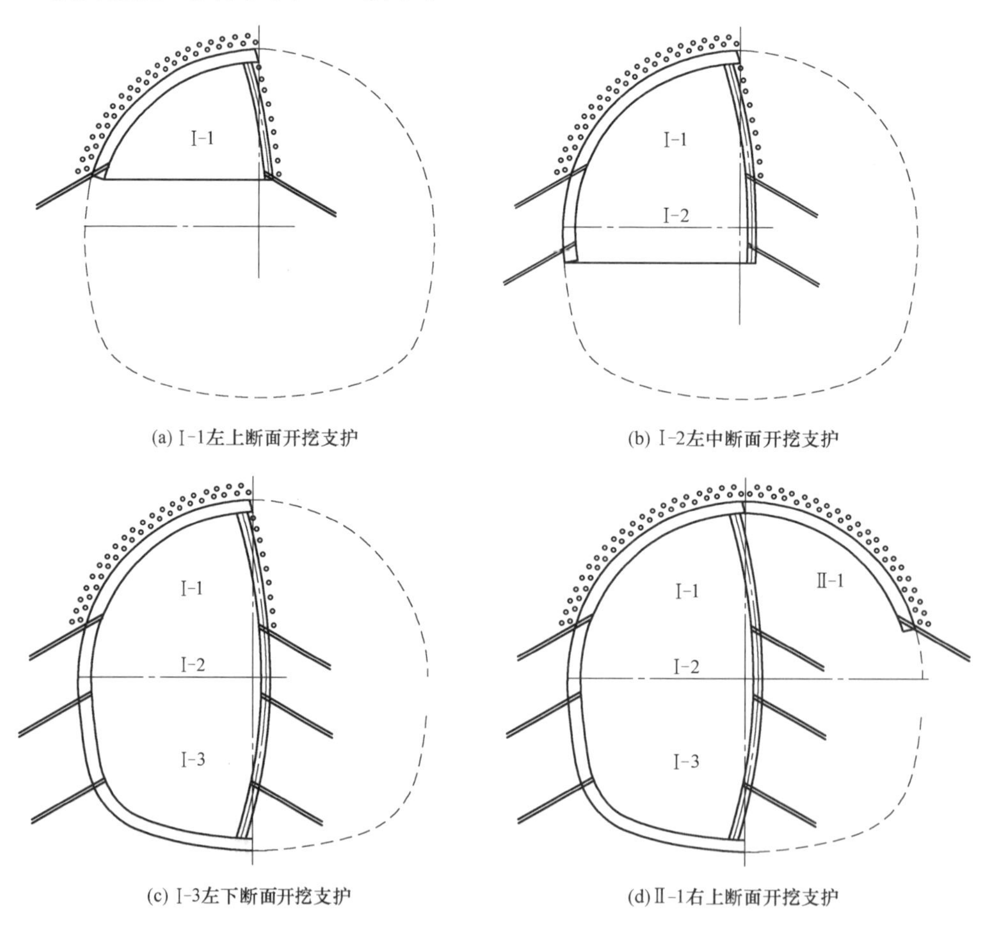

(a) Ⅰ-1左上断面开挖支护

(b) Ⅰ-2左中断面开挖支护

(c) Ⅰ-3左下断面开挖支护

(d) Ⅱ-1右上断面开挖支护

图 5-18　CD 法开挖施工步序（一）

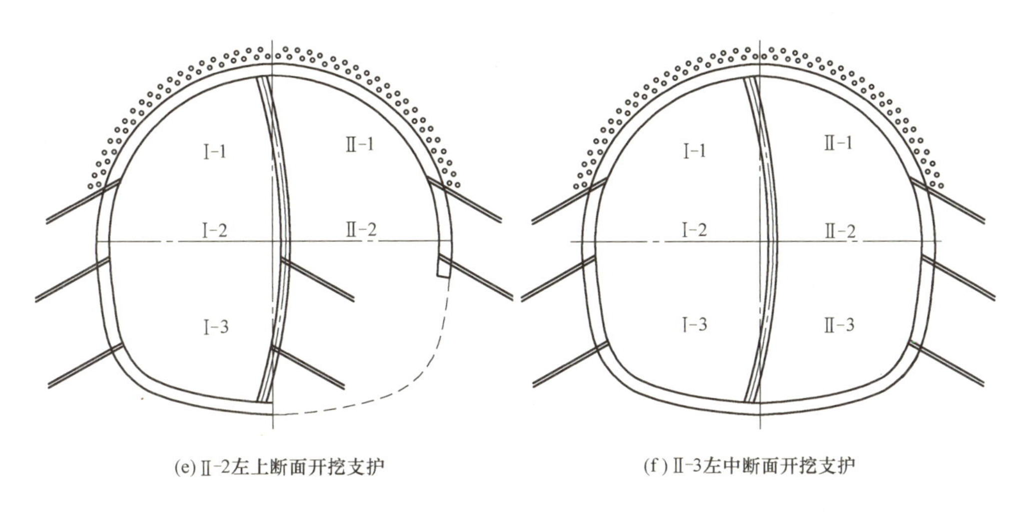

(e) Ⅱ-2左上断面开挖支护

(f) Ⅱ-3左中断面开挖支护

图 5-18 CD 法开挖施工步序（二）

(2) CD 法过程管控要点

1) 开挖方式均采用人工或机械开挖，工序变化处的钢架（或临时钢架）应设锁脚锚管，以确保钢架基础稳定。

2) 钢架之间纵向连接钢筋应按要求设置，及时施作并连接牢固。CD 法分为左右 2 部，每部分 3 个微台阶施工，台阶长度控制 3～5m 为宜。

3) 临时钢架的拆除应等洞身主体结构初期支护施工完毕并稳定后进行。

4) 施工中应按有关规范要求进行监控量测，及时反馈结果，分析洞身结构的稳定，为支护参数的调整、灌注二次衬砌的时机提供依据。

4. CRD 法

(1) CRD 法开挖步序规定

CRD 法原则上以十字交叉的中壁和横联将开挖断面分成四部分，但根据围岩实际情况及断面的跨度大小可将各部再分为两个台阶，开挖后及时架立拱架和喷射混凝土封闭，尽量缩短围岩暴露时间，尽快闭合成环形成支撑作用，能有效控制围岩变形。地质复杂时不对开挖断面进行细分部，易造成开挖和围岩暴露时间过长，掌子面不安全。

先在隧道一侧采用台阶法自上而下分部开挖，待该侧初期支护完成后，再分部开挖隧道的另一侧，其分部次数及支护形式与先开挖的一侧相同。

先人工配合挖掘机开挖Ⅰ部，施作Ⅰ部导坑周边的初期支护和临时支撑，在滞后于Ⅰ部 2～3m 后，开挖Ⅱ部，施作Ⅱ部周边部分初期支护及周边临时支撑，每循环进尺 0.5～1.0m。

在Ⅰ部、Ⅱ部开挖 10～15m 后施工Ⅲ部，步骤的工序如同Ⅰ部施作。在滞后Ⅲ部 2～3m 后，开挖Ⅳ部并施作周边的初期支护使格栅钢架及时封闭成环。

根据监控量测反馈结果，待初期支护变形稳定后，逐段拆除临时仰拱（横撑）、中隔壁，浇筑仰拱及边墙混凝土。

CRD 法开挖施工步序如图 5-19 所示。

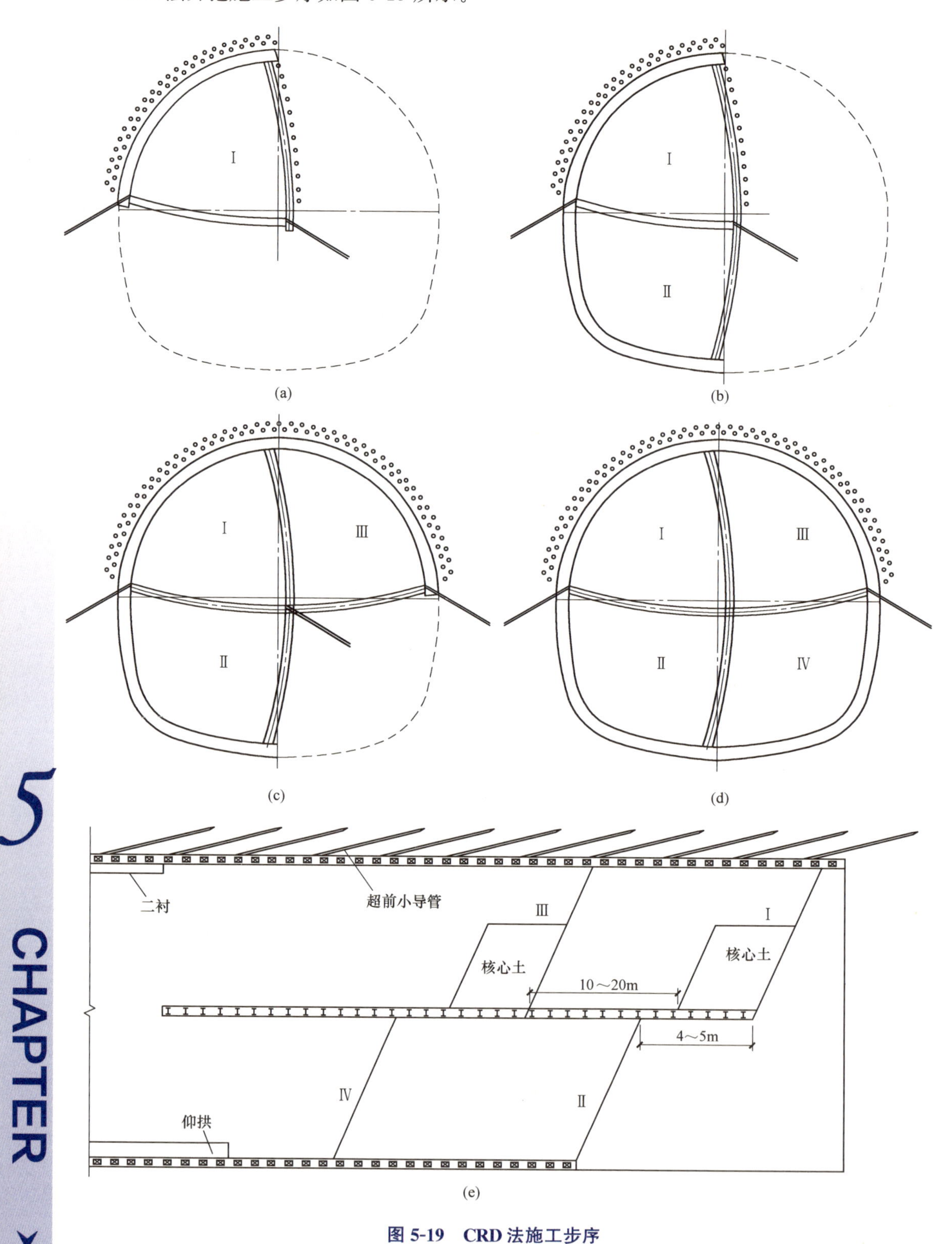

图 5-19　CRD 法施工步序

（2）CRD法过程管控要点

1）对上部的两部分开挖时采用弧形开挖留核心土施工，确保掌子面的稳定。根据分部断面的大小，规范预留核心土，核心土不稳时采取临时喷混凝土封闭核心土及掌子面，有利于“短开挖、快封闭”。

2）保持合理的分部开挖断面和各部的纵向间距，及时施作仰拱或临时仰拱闭合初支。施工中坚持短开挖，快循环，有效控制围岩变形。

3）在全断面初期支护未闭合的情况下，中壁墙及临时仰拱代替半个断面的初支进行临时闭合。要按加工好的部件将各螺栓上齐、拧紧，慎重地进行顶部支撑的按合。按设计及规范标准加工格栅和中隔墙和临时仰拱工字钢支撑，安装要标准、顺直，并支垫在稳定可靠的地方。

中隔墙、临时仰拱的拆除，一定要等围岩变形稳定后才能进行，如果过早拆除中隔墙，围岩会加速变形，最终导致失稳、坍塌。根据监控量测数据确定拆除中壁墙时机，CRD法施工的断面大，搭设架子较高，中隔墙及临时仰拱受力情况不同，拆除顺序和方法要做安全交底，防止发生高空坠落，中隔墙及临时仰拱倾倒伤人等安全事故。

5. 双侧壁导坑法

（1）双侧壁导坑法开挖步序规定

双侧壁导坑法将断面分成四块：左、右侧壁导坑、上部核心土、下台阶。施工作业顺序为：开挖一侧导坑，并及时将其初次支护闭合。相隔适当距离后开挖另一侧导坑，并建造初次支护。

开挖上部核心土，建造拱部初次支护，拱脚支承在两侧壁导坑的初次支护上。

开挖下台阶，建造底部的初次支护，使初次支护全断面闭合。拆除导坑临空部分的初次支护施工二次衬砌，双侧壁导坑法开挖施工步序如图5-20所示。

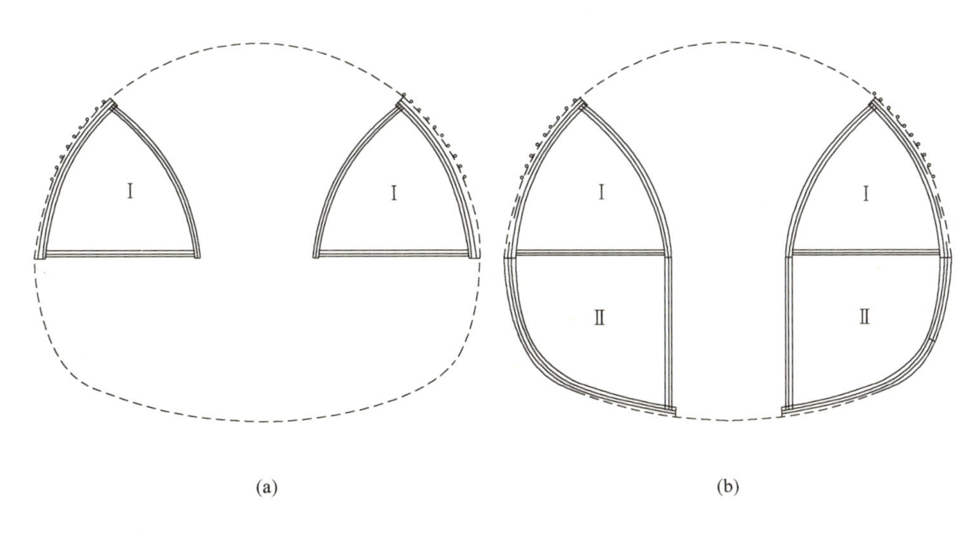

图5-20 双侧壁导坑法开挖施工步序（一）

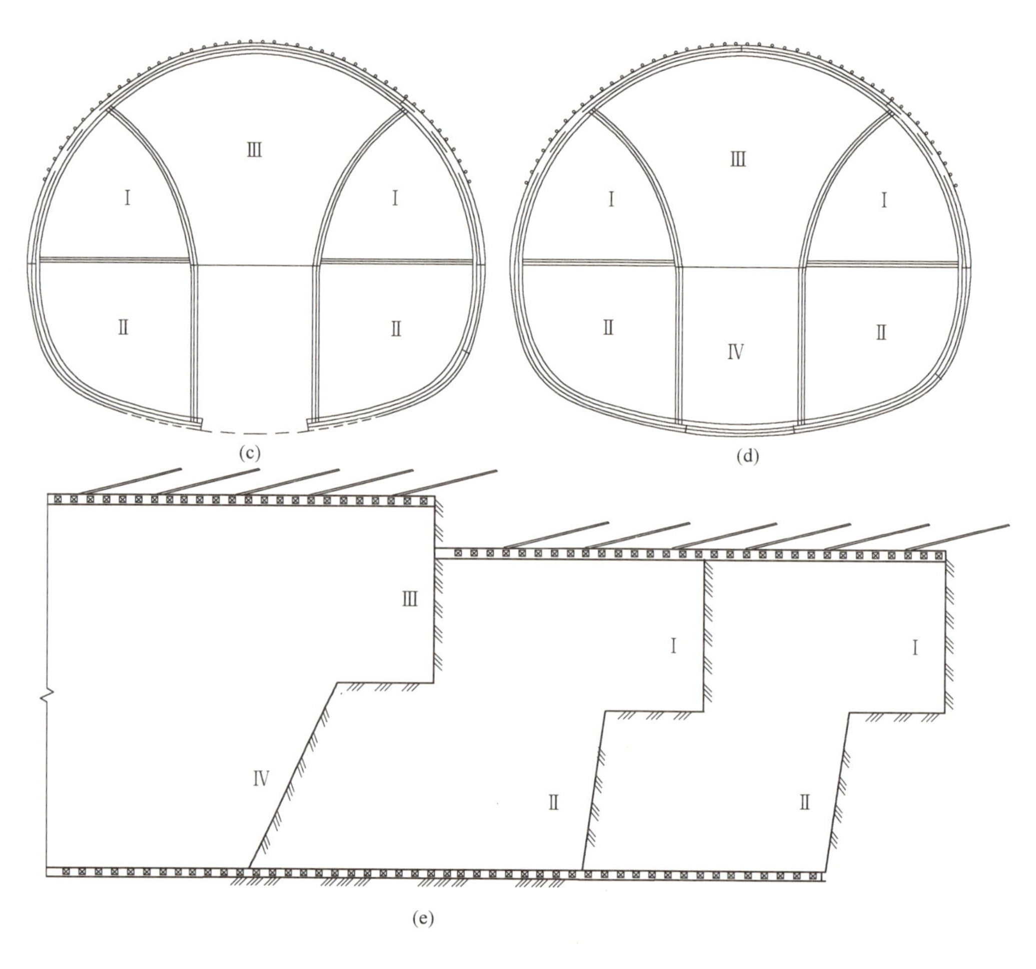

图 5-20　双侧壁导坑法开挖施工步序（二）

（2）双侧壁导坑法过程管控要点

1）洞口应施工超前大管棚，左右侧导洞施工应设置超前预支护，侧壁墙必要时采用 ϕ42 超前小导管预支护。

2）左右侧导洞开挖掌子面距离宜控制在 5～15m。在开挖导坑时，尽量减少对围岩的扰动。

3）导洞初期支护要紧跟掌子面，主洞洞身支护与侧壁墙临时工字钢纵向间距同主洞洞身拱架间距，安装时在拱部及底部相互焊接牢固，工字钢间采用纵向连接钢筋连接，以加强钢支撑的稳定。

4）右侧导洞开挖 5m 后可进行上断面开挖，待拱部超前下部 3～5m 后施工下部及仰拱开挖及初期支护。

5）在浇筑仰拱及填充混凝土之前拆除中隔壁临时支护，加强监控量测，随时掌握施工过程中的动态变化，合理安排，及时调整施工工艺和支护参数，确保施工安全。

6）壁墙拆除前必须保证拆除段的临时支护已经封闭完成，且结构符合规范和设计要求。

7）拆除的判定标准如下：支护拆除前该拆除段沉降和收敛量检测结果都满足稳定条件，沉降收敛达到稳定的标准为收敛不超过 0.2mm/d。拱顶下沉量控制在 7d 时间的增量不大于 2mm；净空位移量控制在 7d 间的增量不大于 4mm。

8）拆除临时支护作业点离最近的中部开挖掌子面距离不得小于 50m，临时支护拆除后及时进行二次衬砌支护。

9）在拆除中隔壁临时支护后必须及时施作仰拱。拆除时采用破碎锤破除喷射混凝土，用氧炔焰割除连接，局部采用风镐破碎。临时支护拆除时一次性拆除长度以不大于 5m 为宜。拆除顺序为：破除先行导坑壁墙混凝土→割除先行导坑壁墙工字钢→破除后行壁墙混凝土→割除后行导坑壁墙工字钢。

第6章 冷冻法施工工序安全管控要点

冷冻法是一种与常规施工相比较复杂的施工工艺。其基本原理就是采用氟利昂降低盐水温度，冷盐水通过打入土层的管道进入土层，不断循环，把土层中的热量带出来。土层慢慢降温，最后被冻结。“冷冻法”通过冷冻把天然岩土变成冻土，可增加其强度和稳定性，隔绝地下水，这样就可以避免发生施工过程中崩塌等安全隐患，同时对地面环境的影响较小，主要施工工序管控要点如下：

6.1 一般规定

1. 人员规定

（1）作业人员进场前要进行健康体检，体检合格后方可进场。

（2）作业人员进场后要进行岗前安全培训并经考核合格后方可上岗。

（3）涉及特种设备操作人员要求持证上岗。

（4）每班作业前要针对本班作业内容进行针对性的班前安全讲话针对风险提出安全要求并在作业过程中严格执行。

（5）作业人员施工前要进行专项安全技术交底。

2. 水、电、通信保障

（1）在现场配置发电机组备用，保证供电不间断。

（2）利用蓄水箱清水保证冷却用水需求，同时积极联络各方，及时恢复供水。

（3）作业面和地面设置专用电话，Wi-Fi 覆盖，确保现场能够及时将信息传递至地面，同时应安装视频监控，并将监控信号接入地面调度室内。

6.2　主要施工工序管控要点

1. 冷冻机组管控注意事项

（1）冷冻机组应按照一用一备的原则配备，能够在遇突发情况时及时切换到备用机组。

（2）严禁在施工现场附近进行电焊、气割等明火作业，施工现场严禁吸烟。

（3）现场备齐冷冻机组的各种易损配件，安排经验丰富的制冷机修理工现场值班，以便及时发现、解决问题。

（4）盐水箱上安装液面报警器，冷冻期间盐水液面下降过快或冻结管路、冷冻机组有异常情况，值班人员及时向负责人报告。

（5）现场配备足够的灭火器等消防器材，冻结平台预留 1.2m 宽安全通道，设备区域和通道之间保持隔离。

（6）临时用电采取 TN-S 接地、接零保护系统及三级配电系统满足“一箱一机一闸一漏”要求。

2. 透孔、冻结孔开孔施工及密封要求

（1）施工方案已经过审批，重大风险“六专”已落实。

（2）施工前针对打孔过程涌水、涌沙风险，配置相应的应急物资设备及人员。

（3）冻结孔施工前，在布孔范围内打若干小探孔，根据水压、流量、带出泥沙情况，判断地层是否稳定。

（4）冻结孔开孔分两次进行，第一次取芯钻进入管片 250mm，取芯后安装孔口管及密封装置。第二次开孔在密封装置的保护下进行，穿透整个管片后，及时地密封孔口，控制泥浆涌出，如图 6-1 所示。

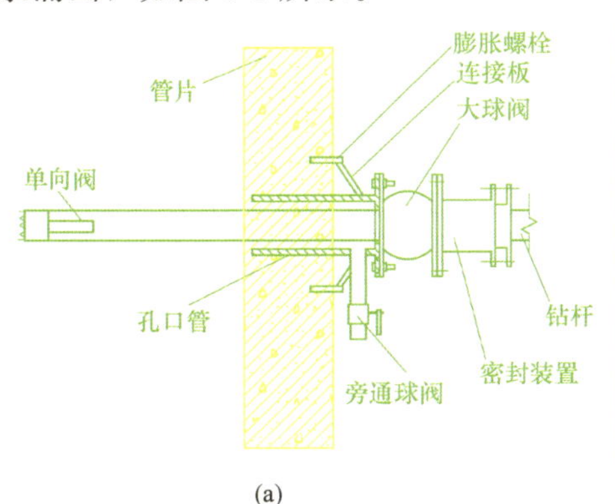

(a)

(b)

图 6-1　冻结孔开孔及钻孔示意图

（5）钻孔过程中严格监控水土流失，如流失过多，应在成孔后利用密封盒上的注浆管及时向土体充填压浆。

（6）透孔施工水流量较大时应在钻杆上焊接钢筋并缠绕棉纱、麻丝等向回拉，后续使用堵漏王等进行封堵。

（7）冻结管施工完成后，应进行冻结管测斜、打压验收，监理旁站验收合格后方可进行下道工序。

（8）打孔施工过程中，钻孔施工安全措施到位；应急物资现场准备到位；专职安全员已到。

3. 冻结管长度及偏斜量测要求

冻结孔可能出现偏移，引发冻结帷幕出现薄弱环节，必须要对冻结管长度和偏斜情况进行量测，如图 6-2 所示。

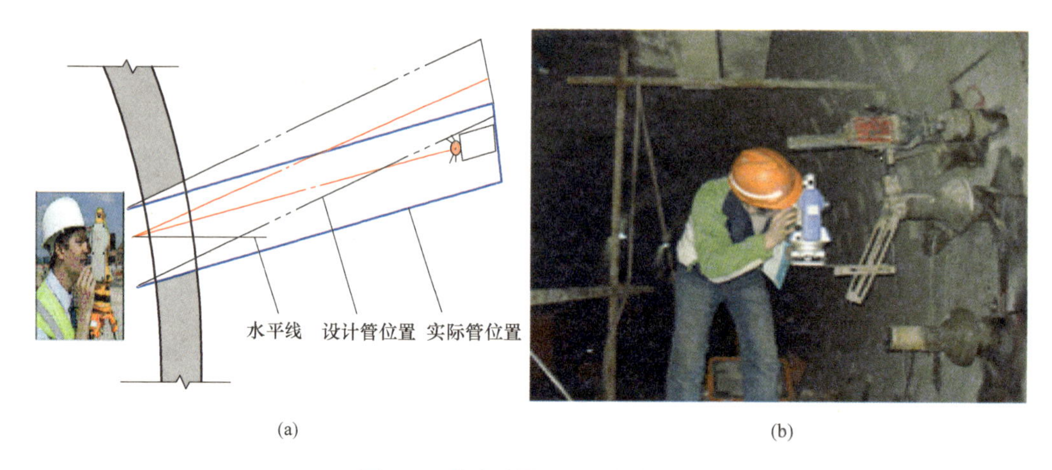

(a) (b)

图 6-2 成孔质量测量—偏斜测量

4. 冻结管打压试漏要求

打压实验前要对设备进行验收、验收合格后方可进行作业，作业人员按要求正确佩戴安全防护用品，如图 6-3 所示。

5. 冻结效果评估

（1）冻结期间应每天定时检测总去总回及各分组回路盐水温度，测温孔温度、泄压孔压力，并认真做好现场记录。

（2）应根据测温资料及时判定交圈情况，并按测温孔测温结果分析计算，开挖前冻土帷幕厚度和平均温度应满足设计要求。

（3）在开挖前 5d 应对冻结帷幕薄弱处进行探孔取芯分析，并在探孔内布置测温孔进行测温，确保冻结帷幕的冻结效果，避免造成突泥涌水。

(a)

(b)

图 6-3　成孔质量测量—打压试漏

6. 洞门破除控制要点

（1）拆除前要保证施工方案已审批，重大风险“六专”制度已落实到位。

“六专”定义：“六专”指针对每一项重大风险工程要进行的六项准备工作，包括：1）编制专项施工方案；2）编制专项应急预案；3）组织专项评审论证；4）施工前组织安全条件专项验收；5）施工全过程落实专项监测方案；6）施工全过程落实专人值班。

（2）进出洞施工时，密切巡视观察周边结构变化情况是否异常；应急物资现场准备到位；专职安全员到场。

（3）在注浆加固施工完成后，在开挖轮廓线内拱顶、侧墙、底板以及中心区域施工深度为 2m 的探孔，观察是否有泥水流出，同时对加固体进行取芯检测，加固体强度满足开挖要求后方可进行洞门破除；否则继续加固直至强度能满足开挖要求后方可进行洞门破除。

（4）开挖验收前应组织进行针对性的漏水漏沙、安全门正确启闭、备用发电机组及备用冷冻机组的调试切换等应急演练。

（5）洞门破除时，动火作业应满足要求。洞门破除时应设专人指挥，并随时注意调整葫芦拉紧程度和方向，安排专人监管。

管片拆除施工示意图及现场实物图如图 6-4 所示。

7. 开挖支护要求

（1）开挖前要组织专项条件验收，“六专”已按要求落实，并对执行情况挂牌标识。

（2）开挖施工期间，关注开挖面稳定情况；巡视及监测地表情况；应急物资现场准备到位。

（3）上部通道结构施工完毕，强度达到 60%后，再进行下部的开挖。

（4）初支施工期间，保证拱架架设的及时性。

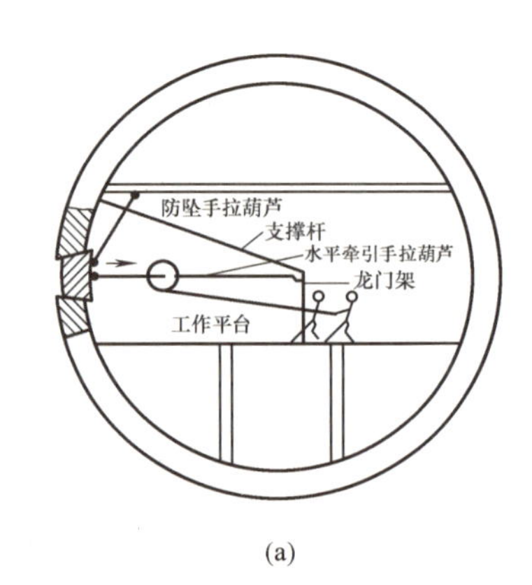

(a)

(b)

图 6-4　管片拆除施工示意图及现场实物图

（5）遵循“管超前、严注浆、短开挖、强支护、快封闭、勤测量”的原则施工。

（6）先开挖上半部分，后开挖下半部分，每循环进尺 0.5m，随挖随支护，开挖时项目主要领导要现场带班。

（7）根据揭露土体的加固效果，监测成果及掌子面的变化情况等，及时调整开挖步距和支护强度，确保开挖期间施工安全。

（8）开挖及喷混凝土过程中作业人员必须配备个人防护用品，开挖期间不定期检测作业面气体情况，确保空气质量满足人体需求。

（9）开挖 1m 后在两侧搭设支架，在支架顶部安装防护设施以防顶部掉渣砸伤工人。

（10）钢格栅钢架安装后每榀格栅钢架开口处设置符合方案要求的锁脚锚杆。

（11）冻结机组停冻后应尽快割除隧道管片上的孔口管和冻结管，防止孔口管和冻结管周围冻结壁解冻漏水，割除后的孔口管和冻结管应按设计要求封堵。

8. 解冻要求

（1）解冻过程中强调对地面和隧道的形变监测及冻土融化温度监测。

（2）依据解冻情况，分区域针对注浆。

（3）应严格执行工序管控要点风险管控程序，组织参建各方进行开挖前条件验收，验

收要点详见表 6-1。

开挖施工前条件验收要点 表 6-1

序号	验收条件	内容	验收要点
1	主控条件	设计、勘察交底	施工现场已完成设计、勘察交底
2		施工方案及监理细则	联络通道洞身开挖、冻融变形控制施工方案已通过专家论证，论证意见已落实或整改(含开挖尺寸、台阶尺寸等数据)；方案已通过建设单位审批；监理细则已审批
3		加固措施	设计要求的开挖加固措施已完成，各项加固指标已达到设计要求： (1)水泥浆等化学加固区已探测加固体范围内强度均匀性； (2)冷冻法加固已落实专项监测，冷冻循环系统温度、流量、压力正常，喇叭口和集水井角部等薄弱部位的冻土厚度已按照设计要求加强，冻土帷幕交圈时间、厚度、宽度与高度、平均温度及冻土强度经检测和评估符合设计要求； (3)超前小导管及注浆等超前支护措施已按设计要求采取
4		降水	降水效果满足施工需要，备用降水措施已落实
5		探孔、泄压孔	探孔、泄压孔已打，未发现涌沙、突水等异常情况并满足开挖条件
6		防护门及临时支架	防护门已安装并启闭灵活，通道口已设置防隧道变形临时支架
7		格栅加工	格栅加工完成，截面尺寸、焊接质量及箍筋间距等符合要求，试拼装合格，通过验收，数量满足要求
8		环境风险	建构筑物及管针对线已核查，针对性保护措施落实到位
9		监控量测	监测方案已审批；监测控制点已按监测方案布置并通过验收，初始值已测取，控制值已确定；测量参数以及监测参数满足施工要求
10		潜在风险分析	对本工程潜在风险进行辨识和分析，编制完成针对性、可操作性的应急预案，并落实抢险设备、材料、人员、方案
11	一般条件	技术资料	相应技术资料齐全
12		材料及构配件	质量证明文件齐全，复试合格，已通过验收
13		设备机具	特种设备安全技术档案齐全，进场记录齐全有效，安装稳固，防护到位，已通过验收，冷冻法施工第二套电源安装到位，试运转状况良好
14		分包管理	分包单位资质、许可证等资料齐全，安全生产协议已签署，人员资格满足要求
15		作业人员	拟上岗人员安全培训资料齐全，考核合格；特种作业人员类别和数量满足作业要求，操作证齐全，施工和安全技术交底已完成，矿山法隧道施工现场已设置施工工法及技术要点图示牌(可视化)
16		风水电	施工风、水、电满足施工需求

第7章 顶管法施工工序安全管控要点

7.1 圆管顶进施工

1. 工作井施工

（1）管线调查及地质核查

1）工作井施工前，进行管线调查，对工作井施工影响范围的管线进行迁改，无法迁改时，必须采取保护措施，迁改保护方案应征得相关产权单位同意。确实因管线影响无法施工的，按照优化变更程序对工作坑位置进行调整。

2）开挖前应核查开挖深度范围内的工程地质及水文地质是否与地勘报告相符，提前确定降排水、加固措施。

（2）截排水

1）工作井周边设不低于30cm挡水墙，且坑边环形施工便道，应筑成坑边高的单向坡道，使施工废水、雨水随坡流入远离坑边施工现场的排水系统。

2）工作井内设集水槽及集水坑，并将收集到的地下水及时排出坑外。

（3）工作井“挂牌准入”

针对圆形顶管工作井施工，应落实“挂牌准入”，作业环境、作业人员、拟投入的设备、设施等安全条件经各方共同签字确认后，作业人员方可进入该区域作业。

（4）开挖及井壁施工

1）根据地质情况，第一圈护壁施工设置锁口圈，防止护壁下沉。

2）工作井采用竖向分节，环向分段施工，一般土层中每节高度为1200mm，在不利地质区段每节高度不大于500mm，环向分4块，下挖速度应视井壁的安全情况而定。

3）施工时先开挖井圈部位土方，待井圈完成闭合后且混凝土强度达到80%以上设计强度后才能大面积开挖井圈内部土方，施工期间应注意安全，应在 36h 内将井圈闭合。

4）井壁尺寸、垂直度、倾斜角等应满足施工验收规范要求，施工过程中出现险情，应及时设置内支撑临时加固。

5）工作井、接收井施工期间，基坑周边严禁超设计值堆载。

6）开挖的拱墙位置避免雨水长时间浸泡沟槽，应用编织布遮盖，并开泵抽排，若发现变形较大应用碎石回填拱脚已经开挖部分。

2. 圆形顶进施工

（1）施工准备

1）根据设计图纸要求及地质水文情况确定是否对始发段土体进行加固，防止发生涌水涌沙现象。对于要经过的软弱地层地段，需要提前加固处理，以防顶管施工后地表有过大的下沉。

2）对地下管线、建构筑物基础等进行排查，必要时采取监测、保护措施。

3）工作井后背应保证有足够强度，经过受力验算并满足顶进要求。后背墙表面要平顺，且与顶进管道轴线垂直，避免偏心受力。

4）导轨安装要牢固，两个导轨要平行，且坡度与管道坡度一致。

5）安装洞门止水装置，顶管始发前检查止水环装置是否牢固、有效。

（2）顶进施工要点

1）严格进场管节的质量验收，并确保连续供应。现场管节堆放位置、堆放高度符合要求，并采取防滚落措施。管节吊装时，工作井内严禁站人。

2）顶管施工必须做到“先通风、再检测、后作业”，对工作井作业环境进行含氧量、有毒气体以及活体检测。人员作业时，必须保证通风机械正常运转，管内通风良好。

3）井内使用电压不大于 24V 的低压照明。

4）两条相邻的平行管道均使用顶管施工方法时，应贯彻先深后浅、先大后小的原则。人工顶管开挖进尺控制在 30～50cm，随挖随顶，严禁超挖。

5）初始顶进每 1m 测量一次，并做记录。正常顶进时，每顶进 3m 测量一次，遇有纠偏每 1m 测量一次，若出现偏差通知工人及时调整。

6）顶进过程中，严格控制轴线偏差，及时采取纠偏措施，每次纠偏量不要过大。

7）汛期施工做好雨水抽排，防止井内进水，机头被淹。地面配备沙袋、沙子、普通水泥、快硬水泥、棉被、方木等应急物资。

8）开挖过程中，管外配备专职监护人员，管内配备视频监控系统，密切注意入管作业人员状态，井上配备相应的应急药品。

9）顶进过程中加强施工监测及地面巡查，发现异常应立即停止顶进作业。

（3）接收施工要点

1）接收端头地层有加固要求的，已完成并达到龄期。

2）机头到达前提前测量接收洞口标高，核对与机头的相对高差，存在偏差的提前调整，确保机头在设计标高位置出洞。

3）接收完成后及时封堵管节与护壁之间的空隙，防止涌水涌沙。

（4）圆形顶管“挂牌准入”

圆形顶管始发、掘进、接收作业，落实重大风险源“六专”要求，作业环境、作业人员、拟投入的设备、设施等安全条件经各方共同签字确认后，作业人员方可进入该区域作业。

7.2 矩形顶管施工

1. 顶管始发施工要点

（1）始发顶进顺序

第一阶段：顶管始发井、接收井施工完成，场地具备顶管施工条件后，进行顶管配套设备及洞门止水装置安装。

第二阶段：顶管机主机下井就位、安装、调试，矩形顶管如图 7-1 所示、矩形顶管管节如图 7-2 所示。

图 7-1　矩形顶管机

第三阶段：顶管始发前条件验收通过后，立即对洞门围护结构进行凿除，顶管始发顶进。

（2）始发顶进施工

1）洞口凿除

出洞之前对全套顶进设备作一次系统调试，在确认顶进设备正常后，开始采用切割设备凿除井壁洞口钢筋混凝土，安装洞门止水装置。

图 7-2 矩形顶管管节

2）顶进始发

在洞圈内的墙壁结构全部破除后，应立即开始顶进机头。刀盘切土，在加固区内土仓逐步开始建压。始发过程中应降低顶进速度，确保顶管机姿态正常。顶管机进入原状土后，宜适当提高顶进速度。

矩形顶管始发如图 7-3 所示。

图 7-3 矩形顶管始发

3）出洞段的各类施工参数

顶管机出洞进入正常土体后 3m 范围内的顶进作为试验段，应不断根据地面沉降数据的反馈进行参数调整，为正常段施工服务。

2. 顶管顶进施工要点

（1）顶进轴线控制

在每节管节顶进结束后，必须进行机头的姿态测量，并做到随偏随纠。顶进过程中通过安装在后靠墙上的激光经纬仪随时观察顶管机姿态，及时进行调整。在顶进过程中对机头的转角要密切注意，一旦出现微小转角，应立即采取刀盘反转、加压铁等措施回纠。顶进轴线偏差控制要求：高程±50mm；水平：±50mm。

（2）地面沉降控制

在顶进过程中，应合理控制顶进速度，保证连续均衡施工，避免出现长时间搁置情况；不断根据反馈数据进行土压力设定值调整，使之达到最佳状态；严格控制出土量，防止欠挖或超挖。

（3）管节减摩

为减少土体与管道间摩阻力，通过管节注浆阀门（图7-4）向管道外壁压注触变泥浆，在管道四周形成一圈泥浆套以达到减摩效果，在施工期间要求泥浆不失水，不沉淀，不固结，以达到减小总顶力的效果。在顶管开始顶进以前现场取土样进行配比实验，适当调整泥浆配比，确保满足泥浆在土中的效果。

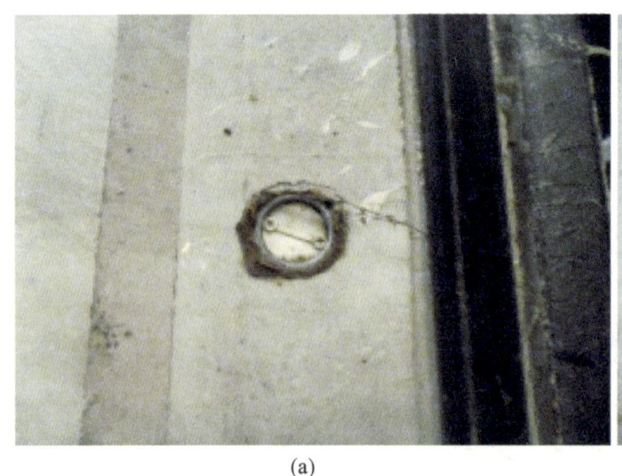
(a)

(b)

图7-4　管节注浆阀门及单向阀

压浆系统分为两个独立的子系统。一路为改良土体的流塑性，对机头内及螺旋机内的土体进行注浆。另一路则是为了形成减摩泥浆套，而对管节外进行注浆。采用泥浆搅拌机进行制浆，HENY泵压浆，注浆压力控制在0.3MPa左右。

（4）止退措施

由于矩形顶管掘进机的断面较大，前端阻力大，实际施工中，即使管节顶进了较长距离，而每次拼装管节或加垫块时，主顶油缸一回缩，机头和管节仍会一起后退20～30cm。当顶管机和管节往后退时，在前基座的两侧各安装一套止退装置，当油缸行程推完，安装管节的时候，将销子插入管节的吊装孔。管节的后退力通过销子、销座传递到止退装置上，使管节稳住。

（5）出土

矩形顶管出土采用螺旋输送机＋轨道土箱＋卷扬机＋履带吊的形式出土，如图 7-5 所示，在顶进过程中，应尽量精确地统计出每节的出土量，力争使之与理论出土量保持一致，确保正面土体的相对稳定，减少地面沉降量。

图 7-5　顶管出土

3. 顶管接收施工要点

（1）接收准备

接收井施工完成后，必须立即对洞门位置的坐标测量确认，根据实际标高安装顶管机接收架，并准备破除接收井洞口的地墙钢筋混凝土。

（2）顶管机位置、姿态的复核测量

当顶管机头逐渐靠近接收井时，应加强测量的频率和精度，减少轴线偏差，确保顶管机能准确进洞。

（3）施工参数的调整

在顶管机切口进入接收井洞口加固区域时，应适当减慢顶进速度，调整出土量，逐渐减小机头正面土压力，以确保顶管机设备完好和洞口结构稳定。

（4）顶管顶进接收

1）洞门完全打开前应采用探孔的方式观察洞门四周是否有渗水现象。

2）如发现有大量水流涌出，应立即用木锲及时封堵。采取应急预案，重新制定洞口加固方案，确保施工安全。

3）顶管机与管节脱离时用千斤顶配合铰接油缸在最短的时间内完成洞门封堵。

（5）注浆阶段

洞门封堵结束后，为控制地面洞口区域的沉降，补充水土流失，对洞口空隙采用水泥浆＋粉煤灰进行填充。注浆数量控制在理论值的2～3倍，具体根据现场实际情况及时调整。

顶管机头吊出接收井后，将两头洞门与管节间的间隙封堵，然后在管节预留注浆孔的进行注浆，浆液自下而上从管节顶部溢出，对溢出的泥浆进行集中处置。

4. 顶管施工前条件验收

顶管始发、接收施工属于危险性较大的分部分项工作范畴，应严格执行管控要点风险管控程序，由监理单位组织参建各方进行始发前条件验收，验收要点见表7-1。

隧道顶管始发/接收施工前条件验收要点　　表7-1

序号	验收条件	内容	验收要点
1	主控条件	设计、勘察文件	设计、勘察文件满足现场工要求，已完成设计、勘察交底
2		工作井及各项技术参数	工作井已按设计要求完成，其标高、轴线、结构强度等各项技术参数符合设计和规范要求并能满足顶管施工各阶段受力要求（端头井结构尺寸和洞门中心已复核且符合设计要求）并通过验收，集水坑已设置
3		施工方案及监理细则	顶管始发/接收方案（含端头加固）、安全专项施工方案（包括应急预案）已通过专家论证，论证意见已落实或整改；方案已通过建设单位审批，监理细则已审批
4		测量	井下控制点设置通过验收，测量数据已复核；顶管位置测量验收完毕
5		顶管安装调试	始发前顶管安装调试验收完成（附设备验收报告）
6		始发/到达托架、反力墙（架）、后靠背及导轨	反力（墙）架等结构强度和刚度已通过设计验算并符合要求，导轨稳固，通过验收（附始发反力（墙）架验算资料）
7		端头降水及洞门土体加固	已采取自动降水（降压）措施，降水井数量、管径、材质、深度等符合设计要求，出水含沙量、降水水位等符合设计要求，运行正常。洞门探孔已打新未发现渗漏水等异常情况，加固范围及参数指标符合设计要求（附端头加固效果检测报告）
8		洞门密封	洞门密封止水措施已完成，外观质量及完整性符合设计要求
9		顶管管节	顶管管节已进场并验收合格
10		浆液制作	浆液制作设施已完成，浆液配合比已确定
11		监测	监测方案已审批，监测点设置通过验收，初始值数值已测取，控制值已砍定，监测参数满足施工要求
12		应急准备	应急物资到位，通信畅通，应急照明、消防器材符合要求，人员上下通道及应急逃生通道已设置，并符合安全要求
13	一般条件	材料及构配件	质量证明文件齐全，复试合格，已通过验收
14		设备机具	特种设备安全技术档案齐全，进场记录齐全有效，安装稳固，防护到位，已通过验收

续表

序号	验收条件	内容	验收要点
15	一般条件	分包管理	分包单位资质、许可证等资料齐全，安全生产协议已签署，人员资格满足要求
16		作业人员	拟上岗人员安全培训资料齐全，考核合格，特种作业人员类别和数量满足作业要求，操作证齐全。施工和安全技术交底已完成
17		风水电	施工风、水、电满足施工需求

第8章 应急管理

为有效预防和控制城市轨道交通工程建设过程中可能发生的事故，最大限度减少事故及其造成损害，各参建单位应编制生产安全事故应急救援预案，建立健全应急救援机制，预案应当符合有关法律、法规、规章和标准的规定，具有科学性、针对性和可操作性，明确应急组织体系、职责分工以及救援程序和措施。

8.1 应急预案编制程序

1. 概述

应急预案编制程序包括成立应急预案编制工作组、资料收集、风险评估、应急能力评估、编制应急预案和应急预案评审 6 个步骤。

（1）成立应急预案编制工作组

各参建单位应结合本单位职能和分工，成立以单位主要负责人（或分管负责人）为组长，单位相关部门人员参加的应急预案编制工作组，明确工作职责和任务分工，制定工作计划，组织开展应急预案编制工作。

（2）资料收集

应急预案编制工作组应收集与预案编制工作相关的法律法规、技术标准、应急预案、国内外同行业企业事故资料，同时收集本单位安全生产相关技术资料、周边环境影响、应急资源等有关资料。

（3）风险评估

主要内容包括：

1）分析本单位存在的危险因素，确定事故危险源；

2）分析可能发生的事故类型及后果，并指出可能产生的次生、衍生事故；

3）评估事故的危害程度和影响范围，提出风险防控措施。

（4）应急能力评估

在全面调查和客观分析本单位应急队伍、装备、物资等应急资源状况基础上开展应急能力评估，并依据评估结果，完善应急保障措施。

（5）编制应急预案

依据本单位风险评估以及应急能力评估结果，组织编制应急预案。应急预案编制应注重系统性和可操作性，做到与相关部门和单位应急预案相衔接。

（6）应急预案评审

应急预案应组织评审。评审分为内部评审和外部评审，内部评审由本单位主要负责人组织有关部门和人员进行。外部评审由本单位组织外部有关专家和人员进行评审。应急预案评审合格后，由本单位主要负责人（或分管负责人）签发实施，并进行备案管理。

8.2 应急预案体系

1. 概述

应急预案体系主要由综合应急预案、专项应急预案和现场处置方案构成。各单位应根据本单位组织管理体系、生产规模、危险源的性质以及可能发生的事故类型确定应急预案体系，并可根据本单位的实际情况，确定是否编制专项应急预案。风险因素单一的小微型风险，本单位可只编写现场处置方案。

2. 综合应急预案

综合应急预案是各单位应急预案体系的总纲，主要从总体上阐述事故的应急工作原则，包括本单位的应急组织机构及职责、应急预案体系、事故风险描述、预警及信息报告、应急响应、保障措施、应急预案管理等内容。

3. 专项应急预案

专项应急预案是本单位为应对某一类型或某几种类型事故，或者针对重要生产设施、重大危险源、重大活动等内容而定制的应急预案。专项应急预案主要包括事故风险分析、应急指挥机构及职责、处置程序和措施等内容。

4. 现场处置方案

现场处置方案是各单位根据不同事故类型，针对具体的场所、装置或设施所制定的应急处置措施，主要包括事故风险分析、应急工作职责、应急处置和注意事项等内容。本单位应根据风险评估、岗位操作规程以及危险性控制措施，组织本单位现场作业人员及安全管理等专业人员共同编制现场处置方案。

8.3 综合应急预案主要内容

1. 总则

（1）编制目的

简述应急预案编制的目的。

（2）编制依据

简述应急预案编制所依据的法律、法规、规章、标准和规范性文件以及相关应急预案等。

（3）适用范围

说明应急预案适用的工作范围和事故类型、级别。

（4）应急预案体系

说明本单位应急预案体系的构成情况，可用框图形式表述。

（5）应急预案工作原则

说明本单位应急工作的原则，内容应简明扼要、明确具体。

2. 事故风险描述

简述本单位存在或可能发生的事故风险种类、发生的可能性以及严重程度及影响范围等。

3. 应急组织机构及职责

明确本单位的应急组织形式及组成单位或人员，可用结构图的形式表示，明确构成部门的职责。应急组织机构根据事故类型和应急工作需要，可设置相应的应急工作小组，并明确各小组的工作任务及职责。

4. 预警及信息报告

（1）预警

根据本单位状况、事故险情紧急程度和发展势态或有关部门提供的预警信息进行预警，明确预警的条件、方式、方法和信息发布的程序。

（2）信息报告

信息报告程序主要包括如下内容。

1）信息接收与通报

明确 24h 应急值守电话、事故信息接收、通报程序和责任人。

2）信息上报

明确事故发生后向上级主管部门、上级单位报告事故信息的流程、内容、时限和责任人。

3）信息传递

明确事故发生后向本单位以外的有关部门或单位通报事故信息的方法、程序和责任人。

5. 应急响应

（1）响应分级

针对事故危害程度、影响范围和本单位控制事态的能力，对事故应急响应进行分级，明确分级响应的基本原则。

（2）响应程序

根据事故级别的发展态势，描述应急指挥机构启动、应急资源调配、应急救援、扩大应急等响应程序。

（3）处置措施

针对可能发生的事故风险、事故危害程度和影响范围，制定相应的应急处置措施，明确处置原则和具体要求。

（4）应急结束

明确现场应急响应结束的基本条件和要求。

6. 信息公开

明确向有关新闻媒体、社会公众通报事故信息的部门、负责人和程序以及通报原则。

7. 后期处置

主要明确污染物处理、生产秩序恢复、医疗救治、人员安置、善后赔偿、应急救援评估等内容。

8. 保障措施

（1）通信与信息保障

明确可为本单位提供应急保障的相关单位及人员通信联系方式和方法，并提供备用方案。同时，建立信息通信系统及维护方案，确保应急期间信息通畅。

（2）应急队伍保障

明确应急响应的人力资源，包括应急专家、专业应急队伍、兼职应急队伍等。

（3）物资装备保障

明确本单位的应急物资和装备的类型、数量、性能、存放位置、运输及使用条件、管理责任人及其联系方式等内容。

（4）其他保障

根据应急工作需求而确定的其他相关保障措施（如：经费保障、交通运输保障、治安保障、技术保障、医疗保障、后勤保障等）。

9. 应急预案管理

（1）应急预案培训

明确对单位人员开展的应急预案培训计划、方式和要求，使有关人员了解相关应急预案内容，熟悉应急职责、应急程序和现场处置方案。如果应急预案涉及社区和居民，要做好宣传教育和告知等工作。

（2）应急预案演练

明确不同类型应急预案演练的形式、范围、频次（应当至少每半年组织1次生产安全事故应急救援预案演练）、内容以及演练评估、总结等要求。

应急演练评估总结报告应包括以下内容：

1）本次应急演练的背景信息；

2）对应急演练准备的评估；

3）对应急演练策划与应急演练方案的评估；

4）对应急演练组织、预警、应急响应、决策与指挥、处置与救援、应急演练效果的评估；

5）对应急预案的改进建议；

6）对应急救援技术、装备方面的改进建议；

7）对应急管理人员、应急救援人员培训方面的建议等。

（3）应急预案修订

明确应急预案修订的基本要求，并定期进行评审，实现可持续改进。

有下列情况之一的，应急预案编制单位应当修订预案，修订情况应有记录并归档。

1）有关法律、法规、规章、标准、上级预案中的有关规定发生变化的；

2）应急指挥机构、主要负责人及其职责发生调整的；

3）生产经营范围规模发生较大变化的；

4）危险源和安全风险发生较大变化的；

5）在事故应对和应急演练中发现重大问题，需要作出调整的；

6）应急预案编制单位认为应当修订的其他情况。

（4）应急预案备案

明确应急预案的报备部门，并进行备案。

应急预案备案时，应当提交以下材料：

1）应急预案文本及电子文档；

2）应急预案评审意见。

（5）应急预案实施

明确应急预案实施的具体时间、负责制定与解释的部门。

8.4 专项应急预案主要内容

1. 事故风险分析

针对可能发生的事故风险，分析事故发生的可能性以及严重程度、影响范围等。

2. 应急指挥机构及职责

根据事故类型，明确应急指挥机构总指挥、副总指挥以及各成员单位或人员的具体职责。应急指挥机构可以设置相应的应急救援工作小组，明确各小组的工作任务及主要负责人职责。

3. 处置程序

明确事故及事故险情信息报告程序和内容、报告方式和责任等内容。根据事故响应级别，具体描述事故接警报告和记录、应急指挥机构启动、应急指挥、资源调配、应急救援、扩大应急等应急响应程序。

4. 处置措施

针对可能发生的事故风险、事故危害程度和影响范围，制定相应的应急处置措施，明确处置原则和具体要求。

8.5 现场处置方案主要内容

1. 事故风险分析

主要包括如下内容。

（1）事故类型；

（2）事故发生的区域、地点或装置的名称；

（3）事故发生的可能时间、事故的危害严重程度及其影响范围；

（4）事故前可能出现的征兆；

（5）事故可能引发的次生、衍生事故。

2. 应急工作职责

根据现场工作岗位、组织形式及人员构成，明确各岗位人员的应急工作分工和职责。

3. 应急处置

主要包括以下内容：

（1）事故应急处置程序。分析可能发生的事故及现场情况，明确事故报警、各项应急措施启动、应急救护人员的引导、事故扩大及同本单位应急预案的衔接的程序。

（2）现场应急处置措施。针对可能发生的火灾、爆炸、危险化学品泄漏、坍塌、水患、机动车辆伤害等，从人员救护、工艺操作、事故控制、消防、现场恢复等方面制定明确的应急处置措施。

（3）明确报警负责人以及报警电话及上级管理部门、相关应急救援单位联络方式和联系人员，事故报告基本要求和内容。